中学校「特別の教科 道徳」の授業プランと評価の文例

道徳ノートと通知表所見はこう書く

日本道徳教育方法学会 会長 渡邉 満 編著

時事通信社

はじめに

　道徳が教科となり，生徒指導要録に「特別の教科　道徳」の評価欄が設けられて，評価が記述によって行われることになりました。そのため，多くの先生方が教科としての道徳の授業づくりと評価の仕方に戸惑いや困惑を感じているようです。そこで，その戸惑いや困惑を軽減し，先生方の目指す生徒一人ひとりが確かな生き方を育むための授業づくりと評価文の作成のお役に立ちたいと考え，道徳科の授業づくりのポイントと評価のポイントを分かりやすくお示しする評価の文例集を刊行することにしました。

　本書では，教科化の趣旨と生徒の学びの在り方に重点を置く新学習指導要領の基本的な考え方を踏まえ，道徳科の授業づくりの参考になるよう22の内容項目すべてを取り上げています。そして，各内容項目の学びの評価に欠かせない「授業のねらい」を明示した上で，「授業づくりのポイント」と「本教材の評価のポイント」そして実践例を示しています。評価所見の文例は，まず道徳ノートの評価文例として，生徒の学びの姿を見取りながら，学びの成長を認めるための文例を2つもしくは3つ，さらに励ますための文例を2つ用意しました。その上で，通知表や生徒指導要録の「特別の教科　道徳」（「学習状況及び道徳性に係る成長の様子」）欄，総合所見欄に評価や所見を記述する参考になり，また40人近い生徒の多様さにも対応できるよう，5例～7例を提示しています。

　評価は，目標をもって行われる活動のすべてに重要な意義をもちますが，教育は，他の領域の活動とは異なり，基本的には，教える教師と学ぶ生徒という二者の活動主体が一体になって行われます。ですから，「指導と評価の一体化」は「学びと評価の一体化」でもあります。道徳科の評価も，生徒一人ひとりが自分の生き方をしっかりと見直して確かな自分を発見する授業になる上で，大きな意義をもつと言えます。本書が，道徳科の授業づくりと評価の在り方に取り組まれている先生方のお役に立てれば，これに勝る喜びはありません。

　最後になりましたが，本書の企画から編集のすべてを行っていただきました時事通信出版局の荒井篤子さんに心から感謝の意を表したいと思います。

2019年3月

編著者　**渡邉　満**

目次

はじめに ……………………………………………………………… 3
本書の構成と特長 …………………………………………………… 6

第1章 道徳科の授業と評価のポイント

1 授業が変われば評価も変わる! …………………………………… 8
2 「道徳科」の授業の基本 …………………………………………… 12
3 「道徳科」の評価の基本 …………………………………………… 19

第2章 授業の実践事例と評価文例集

内容項目A 主として自分自身に関すること

1 自主,自律,自由と責任　　　（教材：ある日の午後から）……………24
2 節度,節制　　　　　　　　　（教材：山に来る資格がない）…………28
3 向上心,個性の伸長　　　　　（教材：自分の性格が大嫌い!）………32
4 希望と勇気,克己と強い意志　（教材：左手でつかんだ音楽）…………36
5 真理の探究,創造　　　　　　（教材：赤土の中の真実）………………40

内容項目B 主として人との関わりに関すること

6 思いやり,感謝　　　　　　　（教材：思いやりの日々）………………44
7 礼儀　　　　　　　　　　　　（教材：朝市の「おはようございます」）…48
8 友情,信頼　　　　　　　　　（教材：合格通知）………………………52
9 相互理解,寛容　　　　　　　（教材：遠足で学んだこと）……………56

内容項目C 主として集団や社会との関わりに関すること

10	遵法精神，公徳心	（教材：缶コーヒー）	60
11	公正，公平，社会正義	（教材：席替え）	64
12	社会参画，公共の精神	（教材：本が泣いています）	68
13	勤労	（教材：震災の中で）	72
14	家族愛，家庭生活の充実	（教材：ごめんね，おばあちゃん）	76
15	よりよい学校生活，集団生活の充実	（教材：全校一を目指して）	80
16	郷土の伝統と文化の尊重，郷土を愛する態度	（教材：島唄の心を伝えたい）	84
17	我が国の伝統と文化の尊重，国を愛する態度	（教材：花火と灯ろう流し）	88
18	国際理解，国際貢献	（教材：六千人の命のビザ）	92

内容項目D 主として生命や自然，崇高なものとの関わりに関すること

19	生命の尊さ	（教材：たとえぼくに明日はなくとも）	96
20	自然愛護	（教材：桜に集う人の思い）	100
21	感動，畏敬の念	（教材：火の島）	104
22	よりよく生きる喜び	（教材：本当の私）	108

※本書は中学校道徳科の教科書「新しい道徳」（東京書籍）掲載の教材を扱っています。

本書の構成と特長

　第1章「道徳科の授業と評価のポイント」では，道徳科になった趣旨と特別の教科としての道徳の授業づくり，評価の基本的な考え方をまとめています。

　第2章「授業の実践事例と評価文例集」では，中学校学習指導要領で示されている22の内容項目に沿って，それぞれ4ページ構成で次の視点でまとめています。

▶授業のねらい

　その内容項目の道徳的価値，想定される生徒の実態，教材の概要と学習課題および授業のめあてを示しています。

▶授業づくりのポイント

　導入時の工夫やペアトークの活用など，深く考えさせるためのポイントをまとめています。

▶本教材の評価のポイント

　①生徒の学習に関わる自己評価，②教師のための授業の振り返りの評価の2つの視点で示しています。

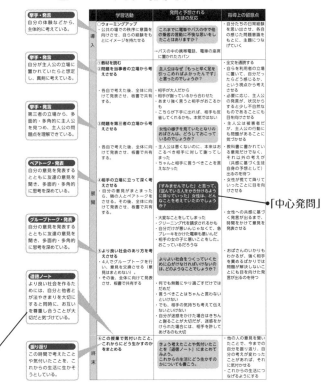

▶道徳ノートの評価文例

　生徒が学習のまとめとして書く「道徳ノート」やワークシート等への評価文例です。次の2つの視点で示しています。

　生徒の学びの成長を「認める視点」 👍 ，さらに「励ます視点」 📢

▶通知表・指導要録等の評価文例

　通知表や指導要録の「特別の教科　道徳」（学習状況及び道徳性に係る成長の様子）欄，総合所見欄に評価や所見を記述する際の参考例としてまとめています。生徒の授業中の様子や日常生活との関連に注目して，その特徴的な学びの姿（「成長した」「がんばった」点）を想定して取り入れています。

第1章

道徳科の授業と評価のポイント

道徳科の授業と評価のポイント

広島文化学園大学教授（日本道徳教育方法学会 会長）渡邉 満

1 授業が変われば評価も変わる！

1 道徳科がスタート

2015年3月に学習指導要領の一部が改正され、「道徳の時間」が、「考え、議論する道徳」を目指す「特別の教科　道徳」（道徳科）となりました。2017年3月には学習指導要領全体が「社会に開かれた教育課程」の理念の基に「主体的・対話的で深い学び」を標ぼうする「新たな学び」を掲げて改訂され、2018年4月から小学校の「特別の教科　道徳」（道徳科）が始動しました。2019年4月からはいよいよ中学校でもスタートします。

これには期待や不安そして疑問もあるに違いありません。そのような中で、留意したいのは、単に「道徳の時間」が「特別の教科　道徳」（道徳科）という教科になったということでは捉えきれない大切なものが含まれていることです。2015年には新聞等の報道において、「道徳の格上げ」という言葉も使われていましたが、時間（領域）が教科に格上げされたということでは済まない、もっと重要な変化、転換とも言える変化がここにはあります。

「考え、議論する道徳」や「社会に開かれた教育課程」と「主体的・対話的で深い学び」は、単なるキャッチコピーではなく、道徳教育はもちろん、学校における教科、総合的な学習の時間そして特別活動などの「学び」の全体において、変化の激しい社会に対応できる「新たな学び」になることが求められており、道徳は一足早くこの「新たな学び」のコンセプトの下に教科となったということなのです。

2 道徳科のミッション

　1958年9月から特設された「道徳の時間」は，60年を越える長きにわたって学校の道徳教育の要(かなめ)としての役割を託されてきました。その間「道徳の時間」の道徳授業には，熱心に取り組む先生が見られた一方で，さまざまな課題の指摘もありました。道徳的価値の理解や内面化にこだわる徳目主義だとか，気持ちの読み取りや，心情的共感にこだわる心情主義だといった批判，あるいは「道徳の時間」誕生までのいきさつもあってか，授業実施率の低さなど，「道徳の時間」の道徳教育は，期待された成果を上げることができませんでした。

　その一方，産業経済の急速な発展やIoT，AIなど科学技術の急速な発展を伴うグローバル化等の中で展開する社会の大きな変化は，私事化傾向の拡大，それによると思われる自己中心的な思考への停滞や学ぶ意欲の低下，そして「いじめ問題」に代表される子供たちの社会生活上の諸課題の複雑化を生じさせ，学校の道徳教育の意義と役割はますます大きなものとなっています。

　これらの諸課題への対応は，これからの時代を生きる子供たちにとって極めて重要であり，学校の道徳教育がその意義と役割を果たすことは，文字通り喫緊の課題となっているのです。

　このように教育を取り巻く状況と今回の道徳の教科化の意義を見てきますと，2つの大きな課題への対応が期待されていることが分かります。一つは，道徳教育の充実に関する懇談会の報告「今後の道徳教育の改善・充実について」(2013年12月26日)や中央教育審議会の答申「道徳に係る教育課程の改善等について」(2014年10月21日)において言われているように，「道徳の時間」で行われてきた<u>道徳教育と道徳授業を，子供たちが直面する現代社会の諸問題や諸課題の克服に寄与できるものに変えていく</u>ことです。そしてもう一つの課題への対応の期待は，<u>「問題解決的な学習」や「体験的な学習」を積極的に取り入れて，「考え，議論する道徳」としての学びの在り方を追求する</u>ことであり，他の教科や領域における学びをけん引することです。

　従来の「道徳の時間」と同様に，「道徳科」は基本的には担任が担当する科目ですが，<u>校長をはじめとする管理職や他の教員の参加を積極的に行うことが求められており，すべての教員が携わることができる唯一の科目</u>でもあります。学校の道徳教育が学校の教育活動全体で行われることを基本理念としているからですが，これは道徳教育が他の教科の教育や教科以外の領域の教育と緊密につながっていることを意味しています。

　そして，教科になると自ずとこれまで

それほど大きな課題とは思われていなかった「評価」を伴うことになります。しかも，他の教科とは異なって，記述式が求められていることから，評価の仕方に大きな関心が向けられることになります。すると，道徳科の学びと他の教科や領域の学びとの関わりへの注意が薄れてくるかもしれません。しかし，ここには立ち止まってじっくり考えてみなければならないことがあるように思われます。

3 道徳科としての「学び」と「評価」

今回の道徳の教科化には，教科になったということだけでなく，子供たちの諸課題にしっかりと対応するために期待されている道徳教育としての教育的役割を確実に果たすことができるよう，道徳の「学び」を一新することが求められていると言ってよいでしょう。その際，重要なポイントは少なくとも2つあると筆者は考えています。

一つは，道徳の授業，つまり子供たちの学びの過程を新学習指導要領が求める基本的な方向にしっかり合わせることです。まず，学校の道徳教育が，大きく変化しながら展開している社会に主体的に参画するために欠かせない道徳性を育てることを目指すことです。

わが国の学校の道徳教育は，学校の教育活動全体において行われる道徳教育とその要となる道徳科の道徳教育に分かれますが，学校における道徳教育は，学校の教育活動のすべてによって行われることを基本にしています。

実際，中学校の道徳科の目標「道徳的諸価値についての理解を基に，自己を見つめ，物事を広い視野から多面的・多角的に考え，人間としての生き方についての考えを深める学習を通して，道徳的な判断力，心情，実践意欲と態度を育てる」（下線は筆者）は，「人間としての生き方を考え，主体的な判断の下に行動し，自立した人間として他者と共によりよく生きるための基盤となる道徳性を養うこと」という総則で規定する学校における道徳教育の目標に結び付けられていて，それを道徳科において具体化し，実現する学習の課題と在り方を規定しています。

したがって，道徳科の学習は下線部を確実に達成できるようなものにならなくてはなりません。これまでの「道徳の時間」の道徳授業の多くがそうであったように，道徳的な価値の理解が目標なのではなく，道徳的価値の理解を基にしながら自己を広い視野で見つめて，人間としての生き方を深く考えることを目標とする学びの実現が求められます。

しかし，教材の中に埋め込まれた道徳的価値を読み取る学習ではこのような学びは実現できません。当然これまでとは質的に異なる学習が求められます。その一つが，問題解決的な学習です。その際，

一つの視点では解決の探求は難しい。実生活にある問題や課題は複雑だからです。当然子供たちの共同による学習が必要となります。多様な視点や観点から考えを出し合い，事柄の本質に近づいていく，そういった学びが必要になってきます。まさしく「考え，議論する道徳」への転換が求められるのです。

　もう一つの重要なポイントは，このような学びの実現には指導者と学習者双方による学びの振り返り，すなわち「評価」が重要になるということです。道徳的な価値の理解が目標なのではなく，それを基にしながら自己を広い視野で見つめて人間としての生き方を深く考えることが目標とされると，それにふさわしい学びの実現は，ある一定の学習内容を習得することに限定されません。つまり，一定の内容を学びながらより深く自己の生き方を考える学習を通して，道徳的な判断力，心情，実践意欲と態度を育み高めていくとともに，自己の生き方を考える力の習得が目指されます。

　これが達成されるためには，学習それ自体が発展的に深化していくことが必要となります。それを可能にするには，新しい学びの観点と，もう一つ連続する学びの振り返りという観点が重要となってきます。その振り返りを確かなものにするのが，評価です。

　評価は，学習や指導におけるねらいの達成状況を確認することと同時に，学習や指導それ自体を振り返り，改善するために欠かせない役割を担うものです。それゆえ，中学校学習指導要領（「第3章第3　指導計画の作成と内容の取扱い」）では，「生徒の学習状況や道徳性に係る成長の様子を継続的に把握し，指導に生かすよう努める必要がある」とされているのです。

　これまでは道徳の指導と学びにおいては，評価は重要と言われながら，実際には，軽視されることが多かったように思われますが，それはそもそも評価が子供の学習成果の達成度を確認するものとして一面的に捉えられていたからです。また，道徳教育が子供たちの人格に関わることから，自ずと評価に関しては，慎重さのあまり，関心の範囲から除外されることとなっていたからです。しかし，これからは，「指導と評価の一体化」とも関わって，評価については学校教育の全体において子供の学びの在り方に焦点が置かれることになります。すると，道徳科においても，評価は授業を構成する主要な柱に位置づくことになります。人格の評価とならないよう数値による評価（評定）ではなく，他の教科とは異なる記述式による評価の在り方が必要だとされていますが，道徳の学びという観点からも，きめ細かな学習の在り方の見取りが必要になります。

2 「道徳科」の授業の基本

1 道徳科の授業の諸課題

　道徳科で期待されている道徳授業の課題を挙げると，以下の3点になります。
① 道徳的価値の理解にとどまる学習から自己の生き方を考える学習へ

　今回改訂された学習指導要領では，道徳性は「人間としてよりよく生きようとする人格的特性」（『中学校学習指導要領解説　特別の教科　道徳編』2018，p.17）とされていますが，従来は，「道徳性とは，人間としての本来的な在り方やよりよい生き方を目指してなされる道徳的行為を可能にする人格的特性であり，人格の基盤をなすものである。それはまた，人間らしいよさであり，<u>道徳的諸価値が一人一人の内面において統合されたもの</u>」（下線は筆者。『中学校学習指導要領解説　道徳編』2008，p.16）とあるように，道徳的価値とその組み合わせ（統合）で考えられていました。

　しかし，今回の教科化に対応する改訂によって，<u>「道徳的諸価値についての理解を基に，自己を見つめ，物事を広い視野から多面的・多角的に考え，人間としての生き方についての考えを深める学習を通して，道徳的な判断力，心情，実践意欲と態度を育てる」</u>ことが道徳科の目標とされたことから，この部分が修正されています。

　以前の考え方では，道徳性が22個の道徳的価値の内容によって構成されており，それらの道徳的価値の内面化が道徳教育や道徳学習となっていました。これは分かりやすくはあっても，これでは道徳教育が22個の道徳的価値の理解の学習指導となってしまい，価値の教え込みになりやすく，極めて偏狭な人格形成を目指すものになってしまいます。

　結局は，変化の激しい社会の中で自己の生き方を考え，そのための資質・能力を育成することになりませんし，道徳的実践や社会生活の向上につながりにくくなってしまいます。この部分が最も重要な変化であるといってもよいでしょう。
② 社会生活の実際に根ざした道徳学習

　今回の教科化に踏み切る直接のきっかけは，改善の兆しが見えない「いじめ問題」であり，教育再生実行会議の発議（「いじめ問題等への対応について（第一次提言）」2013年2月26日）やいじめ防止対策推進法の制定（2013年6月28日）でしたが，その背景には，教育課程と学びに関する世界的な動向があります。

　PISA（生徒の学習到達度調査）の学力テストで有名になったOECD（経済

協力開発機構）は，世界規模でのグローバル化の進行に対応した新たな学習枠組みの策定に取り組んでいます。OECDは，これまでの一定の学習内容の習得に焦点を置く学びから，変化し続ける社会に主体的に参画するために必要な諸力の獲得に焦点化した学びへの転換を提案しています（Education 2030）。

これはこれからの学校教育の在り方が，もっぱらよき国民の形成に集中していた在り方から，同じ一つのグローバルな世界を生きる市民の形成へとシフトしていくことが必要であることを意味しており，今回の学習指導要領はこれを踏まえています。

学びに関しては「何ができるようになるか」「何を学ぶか」「どのように学ぶか」という3つの観点で構想され，目指す学力は「生きて働く知識・技能の習得」「未知の状況にも対応できる思考力・判断力・表現力等の育成」，そして「学びを人生や社会に活かそうとする学びに向かう力・人間性等の涵養」という3つの柱で整理された資質・能力によって構成されています。「どのように学ぶか」に対応するのが「主体的・対話的で深い学び（アクティブ・ラーニング）」です。

OECDも学習指導要領も，学校における学習を社会生活の実際に根ざした学びとして捉えており，道徳教育も社会生活の問題や課題の解決への取組としての道徳学習（問題解決的な学習）としての基盤の上にあると言うことができます。

その際，社会生活上の諸問題は複雑で，多様な側面を持ち，さまざまな諸要因が関連し合っています。

例えば，「命の大切さ」を考えてみましょう。「命とは何か」と言ったときに，命はさまざまな側面や特質をもっています。命は神秘性，超越性，有限性，非可逆性，連続性，相互依存性などを含む多面的なものです。

また，「命の尊さとは何か」を考えようとすると，命は感覚的，知的，関係的であり経験的であると同時に，人の生き方の前提となるものでもあり，経験を越えたものでもあります。すると，経験を基盤にした視点だけでなくそれを越えた観点も必要となります。

ですから，道徳の学習は，子供たち一人ひとりが深く考える学びとなると同時に，共同的な学びである，「主体的・対話的で深い学び」や「考え，議論する道徳」の学びになる必要があるのです。

③　中学生の発達段階を考慮するという課題

「主体的・対話的で深い学び」や「考え，議論する道徳」の学びを進める上で，欠かせないもう一つの課題は，生徒の道徳性の発達段階を考慮するという課題です。

道徳性の発達段階には諸説あります

が，子供が大人に近づいていく過程には，どの社会でも共通した特徴が見られます。子供が知的・身体的に成長して行動範囲が広くなるとともに，多様な人々と交流することになります。すると善い・悪いとか，正しい・正しくないの区別は，いつも変わらず同じではなく，変わっていきます。きまりもあることに気付くようになり，そのきまりの意義も変わることが分かるようになってきます。

要は自分中心の考え方が，より多くの人やより広い場に応じた考え方，より納得のいく考え方に変化していきます。その変化の在り方が発達段階と呼ばれるものであり，一般には数段階に区別されます。例えば，20世紀初めのピアジェ（Piaget, J.）という認知心理学者は，発達段階を他律的な道徳性と自律的な道徳性の2段階に区別しましたが，その後，コールバーグ（Kohlberg, L.）は6段階に区別しています。

コールバーグは第1段階を正しさを身近な大人に従って考える段階，第2段階を自分の気持ちや利害を基準にして正しさを考える段階としました。これらの段階は自己中心的で，社会的関係の相互性がまだ十分達成されていない「慣習以前のレベル」にあります。ここでの「慣習（コンベンション）」とは，「互いがつくりだす集団や社会」という意味です。

第3段階は，規則で成り立つ集団（例えば，家族や学級）の一員であることを基準にして正しさを考える段階です。集団や規則に引きずられる傾向があります。第4段階は，その集団や規則を尊重するが，従属せず，自律的に考えることができる段階です。これらの段階では，社会的関係の相互性を達成しており，「慣習的レベル」にあります。

第5段階と第6段階は，正しさを原理的なレベルで考える高度な段階です。中学生が3年間の学びで達成することが期待されるのは第4段階です。

道徳の授業で考えが深まるとか，広がると言いますが，それはこの段階が上がること，考える視点が自分の周りのより広いところに置かれることでもあります。ですから，中学生は道徳的な問題を自分の外側にある多様な視点で考えることが求められます。「多面的・多角的に考える」とはこのことです。すると，生徒の学びの評価は，これを参考にすると分かりやすくなるかもしれません。

2 授業展開の在り方

上記①〜③の諸課題を満たす道徳授業の在り方を，1単位時間の授業展開として考えてみます。これまでのような道徳的価値を具現化した読み物教材（資料）を使ってそこに組み込まれた道徳的価値に気付き，それを主人公の悩みや葛藤，そして行動への心情的な共感を通して理

解する道筋ではなく、自己がぶつかる、あるいは将来ぶつかるであろう課題の解決に取り組み、自己の生き方を考えるプロセスとなることが必要です。すると、これまでの道徳の授業展開のプロセスは大幅な見直しが必要になります。

① 導入部分の見直し

まず必要なのは授業の導入部分の見直しであり、その重要性に目を向けることです。導入はこれまで「関心や興味」を喚起することに重点が置かれる準備過程であったように思われます。それでよいのでしょうか。問題解決的な学習やクラスのみんなで追求する探究的な授業になり、またそれを振り返り、学びの評価を行うためには、この授業で取り組む課題(「ねらい」と「めあて」)の明確化・把握が行われて初めて授業の課題・自分の課題が明確となり、主体的に考え、振り返ることが可能となります。

道徳的価値の理解を最終目標に置くと、教材への興味・関心が意味をもつでしょうが、自己の生き方・在り方を見直すことを目標に置くと、授業の課題・自分の課題を意識化することが重要となります。「今日の課題は何か、そしてそれを解決するにはどうしたらよいのか」と、学習課題を設定すれば、自ずと子供たちの意識は問題解決的な学習へ向かうこととなります。

「ねらい」は、教師が年間指導計画を踏まえてあらかじめ設定することになりますが、子供たちがそれをしっかり把握する必要があります。教師は「ねらい」を達成するために教材を選び、子供たちに提示することになります。その「ねらい」に則して、教材に組み込まれた問題を解決するために、子供たちが取り組む課題を設定することが次に必要となります。これは「めあて」と呼ばれています。この「めあて」を授業の展開上で子供たちが取り組む学習の課題と位置づけると、導入は「ねらい」の把握と「めあて」の設定がその役割となります。

学習が子供たちによって主体的に取り組まれるためにも学習課題を明確にする「めあて」は重要です。好ましいのは子供たちが設定することです。そうすることで、子供たちの主体的な学びが可能になると同時に、学びや指導の評価も行いやすくなります。

② 展開部分の見直し

導入、展開、終末に区分されてきた1単位時間の道徳授業の展開部分の在り方は、これまでは教材の枠内で考える段階(前段)と自分を振り返る段階(後段)に区分されてきました。しかし、問題解決的な学習を取り入れるこれからの授業では、展開部分は教材に組み込まれた問題や課題を追求する段階とその追求を深めたり、解決を探る段階とに区分されることになります。

広い視野から，多面的・多角的に考える筋道を共有しながら行われる子供たちの学びを授業の中で進めていくには，教師には，子供たち一人ひとりの発達段階や生活上の諸課題についての細やかな把握，そして道徳的価値についての深い理解とそれに応じた教材解釈が求められます。そして「主体的・対話的で深い学び」による道徳学習を可能にするには，その上に50分の授業を展開する道筋の構想が欠かせません。

　教材を読んで感想を述べ合うのが道徳の授業ではありません。<u>課題を設定し，その課題の解決に，さまざまな考えとその根拠を出し合い，力を合わせて取り組む授業にするには，「学びのプロセス」の構想が求められます</u>。

　教師は，導入，展開，終末という学習指導案の枠組みのような大枠の過程だけではなく，子供たちが行う<u>教材理解，課題発見，課題解決，解決の妥当性の振り返り，そして自己の課題への適用（学んだことの活用と自己の振り返り）</u>という少々複雑な過程を構想し，それを実際に子供たちが進めることができるよう指導することが必要です。

　この過程は，基本的には他の教科と異なるものではありません。どの教科であれ，課題があり既有の知識や考え方を使いながらその課題の解決に取り組むことが学びの本体です。その際，解決の妥当性の振り返りは欠かせません。それによって既有の知識や考え方を見直すことにつながるからです。道徳もしかりです。これを時系列的に連続するプロセスとして示すと，下の図1のような「学びのプロセス」となります。

　「課題に気づく」は導入，あるいは展開の冒頭部にあたり，「考える・話し合う」はさまざまな観点や視点から多面的・多角的に考えを出し合いながら課題解決に取り組む過程です。「振り返る・見つめる（深める）」は解決のプロセスを見直し，さらに深める過程です。「生かす」は自分のこれからの生き方に活用することです。

③　終末部分の見直し

　これまでの終末部分は，多くの場合，教師による説話によって行われてきました。「教師の思いを子供たちに語る」ということで正当化されてきたのですが，そうすると，正解を想定しないことによって課題の解決に向けて多様な考え方を出し合いながら行われてきた子供たちの学習は，教師の説話によって無意味化されてしまいかねません。形式的な説話で

課題に気づく→考える・話し合う→振り返る・見つめる（深める）→生かす

図1　「学びのプロセス」（東京書籍『新しい道徳』2018　一部修正）

はなく，この時間の問題や課題の追求と解決の振り返り，自分たちや自分のこれからの生き方へとつなげることにした方がよいと思われます。あるいは，教師が子供たちの学びの成果と残された課題を指摘することの方が，説話よりはむしろ意義深いように思われます。

3 授業の実践事例から

　道徳の授業は，ある問題を教材として設定し，その問題の解決のために，その問題の内にある課題を確認し，その解決を多面的・多角的に追求していくものです。次に，その課題解決過程の実践例を紹介しましょう。

　日本道徳教育方法学会後援「道徳教育冬季研修会 in KAWAGUCHI」（2019年1月，埼玉県川口市）で行われた若林尚子先生（川口市立芝中学校）の授業です。『命の判断』（出典『NHK道徳ドキュメント』）という，脳死と診断された息子の臓器移植を苦悩の末認めた両親の葛藤を教材にしたもので，中学校1年生が対象です。内容項目は「D-19生命の尊さ」，関連項目は「C-14家族愛，家庭生活の充実」です。この授業での課題解決過程は次のようなものでした。

　問題「命の尊さを大切にして自分はどう生きるのか」の背後にある道徳的課題「命は誰のものか」を探る→道徳的課題を解決するために，臓器移植問題を取り上げ，「両親はどうすべきか」を考える→多様な側面と視点から根拠を明確にしながら解決を考える→自分の考え方と他の人たちの考え方を比べ，自分の考え方を見直す→最初の課題「命は誰のものか」を改めて考える→「自分は命を大切にするためにどう生きるか」を一人ひとりが考える。

　この授業の導入では「命は誰のものか」についての生徒たちのアンケート結果を振り返りながら，命についての生徒たちの思いを出し合っていました。若林先生はそれをさらに考えようと課題を展開へとつないでいきます。

　そして展開では，教材が範読によって提示され，臓器提供の判断を迫られた両親の葛藤を確認した後，若林先生が「今日の課題は何ですか」と問うと，生徒は「命は誰のものか」という課題（めあて）を考えるために，「両親はどうしたらよいか」を追求することだと答えました。ここでは「命は誰のものか」という道徳的課題を解決するための方策が確認され，共有されています。

　その後，「自分だったら息子の臓器提供を認めるか認めないかを考えましょう」という発問によって，生徒たちは小グループに分かれて考えを探り合った後，ワークシートに「認める」と「認めない」について各自の判断と理由を書き，両親の陥った葛藤を対立点にしてクラス

全体で議論を行っていました。

この授業で若林先生は、臓器提供を「認める」と「認めない」のそれぞれの判断の理由を出し合いながら、それぞれの判断の理由・根拠を考える展開をとりました。はじめは教材の内容に即して、「息子はまだ呼吸をしている」「もしかしたら助かるかもしれない」「認めれば息子を殺すことになる」とか、「息子は意思表示カードに提供の意志を示していた」「息子は人の役に立ちたいと医大に行っていた」などが理由として出されていました。

しかし、若林先生はそれで終わるのではなく、いずれの判断においてもその背後にある判断のより納得のできる根拠と「命についての考え」を深めるために、いくつかの論点を設定することによって、議論の深まりを引き出そうとしていました。

それは「それぞれの行為を選ぶことによって起こりうる結果」、さらに移植を待つ人、その家族、病院関係者などの「息子や両親を取り巻くさまざまな他者」の思い、そして「日本社会の視点から考えるとどうだろう」といったものであり、生徒たちは広い視点からこの問題を考えようとしていました。

展開の終わりに、若林先生は息子の臓器提供への判断を迫られた両親の思いに戻って、改めてどうすべきなのかを考えさせました。そして、悩んだ末「認める」という決断を行った両親の決断を支えたものは何だったのか、そして最初の課題に戻って「命は誰のものだと思いますか」と問いかけていました。

授業の最後に、「私たちの生きる意味は何だろう。そして君たちはこれからどのように生きたいと思いますか？」と問いかけ、ワークシートに書くよう指示を行っていました。

<u>今回の学習指導要領の改訂で重視されているのは、このような課題解決の過程を議論という主体的な学習によって、どのように展開するかです。</u>この実践事例にはさまざまな工夫が取り入れられています。二項対立課題が設定され、生徒たちは、自分の現在の思いを精一杯出し合い、議論を行って「命は誰のものか」という課題に向けて理由・根拠を挙げながら真剣に取り組んでいました。

その際、議論においては、行為の結果を考えること、多様な他者に視点を置きながら課題を追求することによって、自分の考えをより広い視点から見直すことができるよう工夫されていました。そして何より議論とその成果が生徒おのおのそれまでの考え方を深め、広げるようにしていることが注目されます。決して、先生は「命は尊いものだ」と教えようとはしていないのです。

3 「道徳科」の評価の基本

1　2つの評価の緊密な関係

　教師の指導の在り方の評価と子供たちの学びの評価は，他の教科と同じく道徳科においても重要な課題です。教師の指導の在り方の評価は，指導計画や教材の選択や授業の実施に関わる指導方法の改善，発達の段階に応じて子供たちの学びをより深いものにするために，授業の展開上の諸要素や諸側面の改善を目指して行われます。子供たちの学びの評価は，「主体的・対話的で深い学び」を規準としながら，一人ひとりの子供たちの授業での学びの在り方の見取りによって行われます。また，教師の指導上の評価と子供たちの学びの評価は別々に行われるのではなく，相互にプラスの相乗効果が生まれるように行われることが必要です。

2　学びの評価の記載

　道徳科の評価は，都道府県・政令市の教育委員会がその様式を作成する指導要録の「特別の教科　道徳」の「学習状況及び道徳性に係る成長の様子」欄，「総合所見及び指導上参考となる諸事項」欄，そして学校ごとにある通知表の該当欄にその結果が記されます。指導要録には行動の記録欄がありますが，これは学校の教育活動全体における道徳教育に関わるもので，子供たちの普段の生活の状況を観点別に評価するものであり，道徳科での評価欄ではないことに留意する必要があります。

　通知表は任意とされており，必ずなければならないものではありません。基本的には各学校（校長）の裁量に委ねられています。そのため，その内容や評価の時期（学期ごとなのか，学年末に一括して評価を行うのか，など）については多様で異なりがあります。

　児童生徒の学びの評価と教師の指導の在り方の評価との関わり（「指導と評価の一体化」）は教育評価の基本であり，そのことを考慮すると，指導要録だけでなく，通知表において，日常の道徳科の授業ごとに子供たちの学びを見取りながら，評価を行っていくことが重要です。

　また，授業では子供たちの学習を効果的に進めるために，多くの場合，道徳ノートやワークシート，教科書のメモ欄や自己評価欄が活用されています。その道徳ノートやワークシートには教師がコメントを書いて子供たちに返すのが通常です。すると，道徳ノートやワークシートも評価を記載する対象となります。これら日常の学びの見取りと評価の積み上げ

が，指導要録の学習の状況と総合所見の評価の記述をより確かなものにしていくことにつながります。

　道徳科では，個々の子供たちの学びの深まりや促進と「指導と評価の一体化」という点では他の教科と基本的に同じですが，個別内容の評価はしない，段階的評価はしない，あるいは記述式で行うといった，他の教科とは異なる記載の仕方が義務付けられています。

　評価を記載する内容や量もそれぞれの記載欄の特質によって多様で異なります。生徒も40人近くになれば，その評価はかなり煩雑で複雑になります。そのため道徳科では記載欄の特質を踏まえて，評価の基本原則やポイントをしっかり押さえておくことが欠かせません。

　以下では，文部科学省の道徳教育に係る評価等の在り方に関する専門家会議による「『特別の教科　道徳』の指導方法・評価等について（報告）」（2016年7月22日）と，文部科学省の通知「学習指導要領の一部改正に伴う小学校，中学校及び特別支援学校小学部・中学部における児童生徒の学習評価及び指導要録の改善等について」（2016年7月29日）における評価の在り方に則して，道徳科の評価の基本原則とポイントを示します。

3　道徳科の評価の基本原則

　中央教育審議会の答申「道徳に係る教育課程の改善等について」（2014年10月21日）では，「道徳性の評価の基盤には，教員と児童生徒との人格的な触れ合いによる共感的な理解が存在することが重要」とあり，道徳性の評価は「児童生徒が自らの成長を実感し，更に意欲的に取り組もうとするきっかけとなるような評価を目指すべき」であると示されています。そのため，評価方法は，「学習活動における児童生徒の『学習状況や道徳性に係る成長の様子』を観点別評価ではなく個人内評価として丁寧に見取り，記述で表現すること」（前出・文科省通知）とされています。その上で，いくつかの留意事項が決められています。箇条書きで示すと次のようになります。

○　児童生徒の人格そのものに働きかけ，道徳性を養うことを目標とする道徳科の評価としては，育むべき資質・能力を観点別に分節し，学習状況を分析的に捉えることは妥当ではないこと。
　→他の教科と異なるところです。個別の道徳的価値の学習結果ではなく，「生き方」が重要なのですから「学びの在り方」が重視されます。

○　学習活動における生徒の具体的な取組状況を，一定のまとまりの中で，生徒が学習の見通しをもって振り返る場面を適切に設定しつつ見取ること。

→1ヵ月ごとや学期ごとなど，一定の期間や学期の終わり頃にその期間の学習を自己評価する振り返りの機会をつくって，これまでの振り返りとこれからどのようにしようと思うかを考えることができるようにして，見取りを行うということです。
○　他の生徒との比較による評価ではなく，生徒がいかに成長したかを積極的に受け止めて認め，励ます個人内評価として記述式で行うこと。
→励ますといったときに「がんばろう」と記述することではありません。例えば，好ましくない点に焦点を置くのではなく，好ましい点を取り上げて，がんばろうとしている姿を指摘することなどです。
○　個々の内容項目ごとではなく，大くくりなまとまりを踏まえた評価とすること。
→これは指導要録の学習状況欄や総合所見欄の場合ですが，通知表においても基本的には内容項目ごとの評価の記述は行わない方がよいと思われます。ただ，通知表の場合には，抽象化を避けるために教材名を挙げて学習の様子を具体的に記述することは問題ないとされています。
○　道徳教育の質的転換を図るという今回の教科化の趣旨を踏まえれば，特に学習活動において生徒がより多面的・多角的な見方へと発展しているか，道徳的価値の理解を自分自身との関わりの中で深めているかといった点を重視すること。

（下線は筆者）

要するに，個別の授業や個々の内容項目ごとの評価ではなく，まとまった時間の中で生徒自身が学習の振り返りを行いながら，大くくりな評価で，一人ひとりの生徒の個人内評価として多面的・多角的に考えることができていたか，自分自身との関わりの中でどのように考えを深めているかなど，成長の様子を記述していくことが求められているのです。

4　その他の記述のポイント

具体的に評価の記述を行う上では，学校や生徒の実態に応じて，また指導方法の工夫と併せて柔軟に考えたいものです。特に，評価文を作成する際には，学校全体であるいは学年でモデルパターンを作成することは意義深いのですが，授業への取組姿勢の違いや生活上の課題の有無，特別な配慮を必要とする生徒など，生徒の多様性に配慮することが必要です。その際，以下のポイントに留意すると記述内容の柱も明確になってきます。

＊　生徒が判断の根拠やそのときの心情をさまざまな視点から捉えようとしているか，自分と違う意見や立場を理解しようとしているか，複数の

道徳的価値の対立が生じる場面において, 取りうる行動を多面的・多角的に考えようとしているか等を感想文や質問紙の記述からも見取ること。

*　発言が多くない生徒や考えたことを書くのが苦手な生徒が教師の話や他の生徒の発言を聞き, 考えを深めようとしている姿に着目するなど, 発言や記述ではない形で表出する生徒の姿に着目すること。

*　学年のはじめの頃は感想文や質問紙に単純な感想をそのまま書くだけであった生徒が, 回を追うごとに主人公に共感したり, 自分なりに考えを深めた内容を書くような変化が見られたり, 以前の授業の内容と関連づけて考えている場面に着目する。生徒が連続する学びを通して多面的・多角的な見方へと発展していたり, 道徳的価値の理解が深まったりしていることを見取る。

*　生徒の学習過程の記録の蓄積, その過程での生徒のエピソードを蓄積したものなど, エビデンスに基づいて見取りや評価を行うことは, 学習の発展的継続化を図ったり, 保護者の理解を得, 説明責任に応えたりするためにも重要。作文やレポート, スピーチやプレゼンテーション, ワークシート, 道徳ノート, 教科書の記入欄, 教科書以外の教材や資料等のポートフォリオ等を活用する。

*　授業展開の後段や終末における振り返り時に行われる, 生徒個々の自己評価やクラスやグループでの生徒による相互評価の活用も意義深い。

5　特別な配慮を必要とする子供たちへの対応

特別な配慮を必要とする子供たちの場合の評価は, 発達障害のある子供, 外国籍の子供など, 子供の課題ごとに学びの課題と学びの姿に着目し, その変化を見定めながらその課題に関する成長の様子を見取ることが基本となります。特に障害のある子供たちの場合には,「個別の教育支援計画」や「個別の指導計画」に基づいた評価が行われることになります。

道徳の学びでも, ともすると教科書にある教材の枠内での学習に重心が置かれがちですが, 特別な配慮を必要とする子供たちの学びでは, 日常生活の具体的な側面に重心を置き, 他者への関わりの変化や行動の変化に見られる学びの姿を見取るようにすることが必要となります。

〈参考文献〉
渡邉満・押谷由夫・渡邊隆信・小川哲哉編『中学校における「特別の教科 道徳」の実践』北大路書房, 2016
渡邉満・山口圭介・山口意友編『新教科「道徳」の理論と実践』玉川大学出版部, 2017

第2章

授業の実践事例と評価文例集

対象学年
中学3年生

内容項目：A−1　自主，自律，自由と責任

主題
1 間違いを止める

教材　ある日の午後から

授業のねらい

　中学3年生にもなると，自らの意思で自由を求める傾向が強くなったり，自由の意味をはき違えて，自分の行為が自分や他者にどのような影響をもたらすのかを深く考えないままに無責任な行動をとったりすることがある。本教材は主人公「ひかる」が，友達の行動を不快に感じ，その時の感情を安易な気持ちでＳＮＳに投稿したところから始まる。その後，投稿を見た多くの友達が「ひかる」の思いに共感したり，不快に感じさせた友達に対して誹謗中傷の言葉を書き込んだりと，いじめへと発展していく様子が描かれている。本授業では，自分の間違った言動に対して，どのように責任を果たしていくことが望ましいのかを考え，さらに責任を果たさずにいると，どのような影響をもたらしてしまうのかを多様な視点から考えていきたい。

授業づくりのポイント

　主人公「ひかる」の感情に任せての言動は，どの人にも起こりうる。導入では，授業全体の軸となるテーマ「間違いを止める」を提示した後，教材内容を基にした問い掛けを行い，生徒一人ひとりの体験の振り返りから始める。展開では「ひかる」の言動を俯瞰的に捉えさせ，間違っているであろう言動に気付かせていく。その後，その間違いに気付くことができなった時に起こりうる影響を捉えさせ，さらに深く考える。終末では，自分のことに置き換えることにつながる問い掛けにより，自己の生き方や人間としての生き方を考えさせていく。

本教材の評価のポイント

①生徒の学習に関わる自己評価
  ・行動する時の判断の大切さを級友との交流を通じ多様な視点で見いだそうとしていたか。
  ・間違った言動を俯瞰的に捉えながら，その結果や影響を深く考えようとしていたか。

②教師のための授業の振り返りの評価
  ・生徒は，自らの間違った言動に対して，どのように責任を果たしていくことが望ましいのかを考えようとしていたか。
  ・生徒は，自分との関わりの中で，言動による結果に対して，責任をもつことの大切さを考えようとしていたか。

実践例

		学習活動	発問と予想される生徒の反応	指導上の留意点
発言 自己を見つめている	導入	○ウォーミングアップ ①人との関わりに対する自分の体験を思い出す	「人との関わりの中で，もしかしたら自分のしていることは間違っているのかな？」と思うような体験をしたことがあるでしょうか？ ・悪口を言った ・SNS等で文句を言った ・噂話を広めた ・いじめに関わった	・テーマ「間違いを止める」を提示し，教材のタイトルを出さずに，人との関わりにおける自分の在り方を振り返らせていく ・できる限り，全員の意見か意思を確認する
読む姿 主人公の在り方を模索しながら読んでいる	展開	②教材を読む	・ひかるがSNSに投稿したのがよくない ・お母さんの考え方はよく分かる ・ひかるの悩む思いも分かる	・全文を範読する ・範読中，文章内で気になるところへの線引きを促す ・範読後，感想交換を促す ・教材内容の場面分けをする
ペアトーク・発表 友達の意見をよく聞いて，多様な視点を見いだしている		③ひかるの言動から，望ましい判断を考える ・自分の意見がまとまったら，隣の人とペアトーク。その後，発表し，全体で話し合う	あなたがひかるだったら，どこで自分の間違いを止められるでしょうか？ ・頭によみがえったとき ・「沙希がかわいそう」と書かれていると知ったとき ・お母さんの涙を見たとき	・発表の際に問い返すポイント 「どうしてその場面だと思ったのか」 「どうして，そのことを間違いだと思ったのか」 「どうやって止められるのか」 ・どこかで自分の間違いに気付き，責任を果たしていかなければならないことに気付かせ，④につなげる
発言 主人公の姿を自分と照らし合わせ，自分のこととして考えている		④さらに深く考える ・全体で話し合う	この場面で止めることができなかったら，その後，どのようなことが予想されるでしょうか？ ・いじめがエスカレートして，たくさんの人が傷つく ・いじめだと考えていなかったひかるが，いじめと分かり，自分を責めだす	・いじめをしているという認識がなく行っていることが，極めて望ましくないことにつながっていくということを，多様な視点から考える
ワークシート 自分の判断に対する責任の取り方を，今後の自分に照らし合わせて考えている	終末	⑤学んだこと，気付いたことを，これからの自分の生き方に照らし合わせ，考える ・自分の考えを整理して，ワークシートに書く	「人との関わりの中で，もしかしたら自分のしていることは間違っているのかな？」と思ったときに，何かよりよい行動ができる自分になるためには，どんなことが大切だと思いますか？ ・いろいろな関わりをする中で，間違ってしまうことは今までにもたくさんあった。その時に，しっかり責任を取ったり，改善できる自分でいたい ・自分がすることが本当によいことなのかをしっかり考え，失敗しても，謝れる自分でいたい	・テーマ「間違いを止める」を再度提示し，①で振り返った自分の姿を確認する。その後，発問につなげる ・今後の自分の在り方をワークシートに書かせる

A-1 自主, 自律, 自由と責任

自律の精神を重んじ, 自主的に考え, 判断し, 誠実に実行してその結果に責任をもつこと。

評価のためのキーワード
① 自律の精神を重んじる
② 自主的に考え判断した結果に責任をもつ
③ 誠実に実行する

ちょっと立ち止まって見たら「間違った言動をしているな」と思うことは多々あります。でも, 多様な関わりの中で, そのちょっと立ち止まるということが困難な時もあります。ただ, よりよく生きることを目指す人として, 自分の言動には, 誠実な心で振り返り, 責任を果たしていきたいですね。

道徳ノートの評価文例

👍 自分の言動がどのような影響を及ぼすのかや結果に至るまでのことをしっかりと考えようとしていますね。どのような言動に対しても, 自分の中に「これはしてはならないだろう」という考えをもつことはとても大切なことです。

👍 自分の心の中に, してもよいことと, してはならないことの「ものさし」があるのですね。その「ものさし」は, 人がよりよく生きていくためにとても大切なものです。今日の学びが, 自分の心の成長につながっていることがとても素敵だと感じました。

📢 今までの生活の中で, たくさんの間違いをしてきたのですね。でも, そうやって, 自分のことを見つめ直し, 今の自分をさらによりよくしていこうとすることは, とても素敵なことなのですよ。今後, もし, また判断を間違えて, いろいろなことをしてしまう時があっても, 今回の学びにもあったように, 責任の大切さを思い出してみると, さらにいいですね。

📢 良いことと悪いことの区別をしっかりと考えて行動しているのですね。今のあなたの考え方はとても素敵だと感じました。また, 自分の言動にどのように責任をもっていったらよいのかを考える姿にも感動しました。これから先, さまざまな出来事と遭遇しますが, 今回の学びの中で得たことを今よりももっともっと大切にしていってもらいたいものです。

通知表・指導要録等の評価文例

教材「ある日の午後から」の学習では，「自分の見方や考え方を世の中にあるさまざまな見方や考え方と調和させて，責任の大切さを考えられる新たな自分へと成長していきたい」と振り返っていて，自分のよりよい生き方を考えようとする姿を見ることができました。今後も，さらに多くの学びから，新しい発見をしていってほしいと願っています。

教材「ある日の午後から」の学習では，「物事を広く多方面から考えることで，自分と相手の相違点や共通点を見つめることができ，その積み重ねが今の自分の心にものさしをつくり，よりよくしていくのだと思う」と振り返っていて，物事に対して，多様な見方や考え方を大切にしていこうとする姿が見られました。

教材「ある日の午後から」の学習では，「今まで以上に自分の心の在り方や行動を見つめられるようになった。また，物事についていろいろな視点から深く考えることもできるようになった」と振り返っていて，自分の成長を感じている姿が見られました。

教材「ある日の午後から」の学習では，「今の自分を振り返って，自由に対して責任を果たしていこうとする力が少しずつ身に付いてきていると思った」と，自分の成長を感じ取ろうとする姿が見られました。今後も，さらに多くの学びから，自分を見つめ，よりよい生き方とはどんな生き方なのかを考えていってほしいと願っています。

教材「ある日の午後から」の学習では，「物事をいろいろな方向から考えると，いつもの方法とは異なる方法や選択肢が発見できて，その中からよりよい方法を考えていくことが大切だということが分かった」と振り返っていて，多様な見方や考え方の大切さを感じている姿が見られました。

教材「ある日の午後から」の学習では，「いじめにつながる出来事を知らず知らずにしていることがあるのだと知り，今一度，自分の言動を見つめ直していかなければいけない」と，自分をしっかりと見つめ直していこうとする姿が見られました。これからの学びでも，多くの考えをヒントに，自分のよりよい生き方を見いだしていってほしいと願っています。

教材「ある日の午後から」の学習では，「自分が他者にとってどのような存在であるのかを考えるようになってきた。また，今している行動が正しいのか，正しくないのかを見つめ直すこともできるようになってきた」と振り返っていて，自分の成長を実感している様子が見られました。

対象学年
中学1年生

内容項目：A－2　節度，節制

主題
2 節度を守る
教材 山に来る資格がない

授業のねらい

　心身の健康のためには，節度を守り節制に心掛けることが大切である。しかし，分かっていてもなかなか実践できない。欲望の赴くままに行動し健康を損なってしまう生徒も少なくない。望ましい生活習慣については，中学生であっても，繰り返し学び，その定着を図ることが大切である。本教材は，妙高登山の前夜，体力に自信のある1班男子5人が，先生から「よくねむる」よう指示されたにも拘わらず，こっそりトランプをはじめ夜更かしをしてしまう。翌日喘ぎながらも何とか登り切った彼らを，「すごい」とほめる女子もいたが，1班の班長に「山に来る資格がない」ときっぱりと言われてしまう，という話である。

　授業のねらいは，5人の行動に焦点を当て「欲望に負けずにきまりを守り，節度をもって行動しようとする態度を養う」とした。

授業づくりのポイント

　人間は誰もが弱さをもっており，誘惑や欲望に負けてしまうのはよくあることである。5人はどこにでもいる普通の生徒たちである。

　きれいごとだけでは生徒の心に響かない。彼らの弱さに共感させつつ，その上で節度を失うと心身の健康を損ない人に迷惑をかけてしまう場合もあることに気付かせる。望ましい生活習慣は繰り返し学習することによって身に付く。自分を振り返り本音を出し合い，建て前でなく心から納得するよう指導することが大切である。

本教材の評価のポイント

①生徒の学習に関わる自己評価

・人は誰もが弱さをもっている。望ましい生活習慣を身に付け，心身の健康の増進を図るためには，節度を守ることが大切であることを理解するとともに，自己の生き方についての考えを深めることができたか。

②教師のための授業の振り返りの評価

・ねらいとする価値について，多面的・多角的に考え一人ひとりが主体的に理解を深めたか。そのための指導案は適切だったか。板書撮影，ワークシート等評価の手掛かりを得たか。

実践例

		学習活動	発問と予想される生徒の反応	指導上の留意点
導入		○ウォーミングアップ ・誘惑に負け，節度が守れなかった体験を振り返る	誰にもあると思いますが，誘惑に負け，節度が守れなかったことはありますか？ ・アイスクリームを食べすぎてお腹を壊した ・夜遅くまでゲームをしていて，次の日に眠くて困った	・共感的雰囲気で，和やかに発表し合う
展開		①教材を読んで話し合う	先生の指導に対して，5人はどのように思っていたのでしょう？ ・体力には自信がある。このくらいは楽しんでも大丈夫だ ・先生の言うことは正しいが，遅くまでしなければいいだろう	・自分を振り返りつつ考えさせる
			「山に来る資格がない」と言う発言をどう思いますか？ ・1班班長は，5人に「節度を守らないと危険だ」と気付かせようとした ・5人はちょっと誘惑に負けただけ。少し厳しすぎる発言だ ・1班班長は正しい。その通りだ	・1班班長が，5人のためにあえて厳しく注意した気持ちに気付かせる
		②さらに深く考えさせる	無謀なことと，がんばることにはどのような違いがあるか考えてみましょう。 ・その目標が正しいかどうか判断して動くことが大切だ	・よく考えて行動することが大切であることを理解させる
終末		③授業で気付いたこと，これからそれをどう生かすかをまとめる	今日の授業で気付いたこと，これからの自分の生活に生かしたいことを「道徳ノート」にまとめましょう。	・書く時間を設ける ・「道徳ノート」の記述を評価に生かす ・授業後，板書を撮影し保存する

挙手・発言
自分の体験を素直に振り返っている

挙手・発言
5人の気持ちに寄り添いながら考えている

挙手・発言
1班班長の節度を守らせようとする発言の真意を理解している

挙手・発言
行動する目標が正しいかどうかが大切であることに気付いている

振り返り
学んだことを，これからの自分の生活に生かそうとしている

A-2 節度，節制

望ましい生活習慣を身に付け，心身の健康の増進を図り，節度を守り節制に心掛け，安全で調和のある生活をすること。

評価のためのキーワード
①望ましい生活習慣を身に付ける
②心身の健康の増進を図る
③節度を守り節制に心掛ける
④安全で調和のある生活をする

望ましい生活習慣は「一生の宝」です。誘惑に負けずに節度を守ることが大切ってことは誰もが知っているけど，実践するのは難しいですね。授業でも繰り返し学び続けることが重要です。

道徳ノートの評価文例

👍 節度ある生活が大切であることがよく理解できています。さらに，自分を振り返り「朝寝坊で親に起こされることが多い。何とかしなくては…」と書いていますが，学んだことを生かし，望ましい生活習慣を身に付けようとする〇〇さんの姿勢が素晴らしいですね。期待しています。

👍 さまざまな考え方があることを知り，節度を守ることの大切さについて理解を深めていますね。例えば，「無謀とがんばるの違い」について，「正しい目標をもって一生懸命やるのが『がんばる』，自分や集団を危険にさらすのが『無謀』」とありますが，さすが〇〇さん，深くかつ明快に考えており感心しました。

📢 「1班班長の『山に来る資格がない』は厳しすぎる。思いやりがない」とありますが，本当にそうでしょうか。「思いやり」ってなんだろう。大切なのは5人が過ちを繰り返さないために，仲間としてどう関わるべきかですね。1班班長が「きっぱり言った」その真のねらいについてもう少し深く考えてみてください。

📢 「ぼくもゲームなどで夜更かしして，次の日眠くて困ったことが何度かあります。誘惑に負けないように気を付けたいのですが，なかなかできません」と，正直に自分を振り返っていますね。〇〇さんだけではなく誰もが弱さをもっています。大切なのは，少しでもよりよく生きようとする姿勢です。

通知表・指導要録等の評価文例

ものごとの善悪を考えて行動することの大切さを理解し，自分の生活にどう生かしていくかについても考えを広げています。「節度・節制」の授業では，「道徳ノート」に「中学生になったのだから親に注意される回数が少なくなるようにしよう」と，中学生としての自覚を深め，よりよく生きようとする意欲を高めていました。

友達の意見に耳を傾け，その上で自分の考えを発言しています。「節度・節制」の授業では，「1班班長の言い方はひどい」という意見に対し，「そうも言えるけど，5人を何とか反省させようとする"真の友情"とも言えるんじゃないかな。どっちが5人のためになるのだろう？」と，より深く考えながら発言していました。

人間としての生き方に思いを寄せ，価値の理解だけでなくどう生きるかについても真剣に考えています。「節度・節制」の授業では「言うは易く行うは難し。欲望を自制するのは難しい。習慣は繰り返し繰り返し学ぶことが大切」と，節制の難しさに気付いて発言し，学級の話し合いをリードしていました。

道徳科の授業で学んだことを，自分の生活に生かそうとしています。教材「山に来る資格がない」の授業では，節度を守ることが大切であることや，そうすることの難しさも理解し，「道徳ノート」に「習慣が大切。目標を書いて掲示するなど意識して生活しよう」と書くなど，実践への意欲を高めていました。

道徳の授業では，いつもねらいとする価値について深く考えようとしています。教材「山に来る資格がない」の授業では，欲望に流されて自制心を失うと，心身の健康を損なうだけでなく，みんなに迷惑をかけるおそれがあることを理解し，欲望に負けない強い意志をもつことが大切であると気付くことができました。

対象学年
中学1年生

内容項目：A-3　向上心，個性の伸長

主題

3 違いを個性として認め合う

教材　自分の性格が大嫌い！

授業のねらい

　本授業のねらいを，「自他の性格について体験的に考えることを通して，長所と短所を固定的に捉えないことのよさに気付かせるとともに，自他の違いを個性として認め，伸ばし合おうとする態度を養う」と設定した。友達から自分がどう見えるのかを気にして，自分が短所と考える部分を出さないように努める生徒は少なくないだろう。短所を自覚してそれを改善しようとすることは大切であるが，お互いの長所と短所を共に認め，補い合う中で，一人ひとりが自らの個性を磨いていける人間関係も構築していきたい。そこで本授業では，「長所と短所は裏表」という考え方のもと，客観的な視点から自他を見られるようになることを目指して，構成的グループエンカウンターにおける「リフレーミング」を参考にしながら，自他の長所と短所を組み合わせる活動を行い，あわせて違いを認め合う雰囲気の醸成も図りたい。

授業づくりのポイント

準備するもの・長所あるいは短所を記入する手のひらサイズのカード

　導入では，生徒が自らの短所を挙げやすくするよう，教師自身の短所を示す。
　展開では，他の生徒の短所を笑ったりしないと約束させた上で，テンプレートに基づき，他の生徒の短所が自分の長所に潜む短所をどのようにカバーできるのか，カードを組み合わせながらグループで考えさせる。組み合わせがうまく作れない場合は，グループ編成を変えてみるなど，教師が適宜介入する。

本教材の評価のポイント

①生徒の学習に関わる自己評価

・自他の長所と短所を組み合わせる活動を通して，自分について客観的な視点をもてるようになったか。
・他の生徒にとっての短所を長所として捉え直すことができたか。

②教師のための授業の振り返りの評価

・教師自身の自己開示をきっかけにして，短所に関する生徒の自己開示を促せたか。
・長所を短所に，短所を長所に捉え直すグループワークへのサポートは十分であったか。
・グループワークなどを踏まえて，違いを認め合う雰囲気の高まりが見られるか。

実践例

		学習活動	発問と予想される生徒の反応	指導上の留意点
導入		○ウォーミングアップ ・私たちの性格について関心を高める	自分の性格で「大嫌い！」と思っているところは何かありますか？ ・怒りっぽい，飽き性，ビビリ，冷たい	・教材のタイトルを活用して，自分自身の性格について考えさせる ・教師自身が自己開示することで発言を促す
展開		①教材を読む ②教材を読み，考えさせる ・ペアトークしながら考えた意見を発表する	「自分に客観的な視点をもてるようになる」とよいのはなぜですか？ ・思い悩みすぎることがなくなるから ・いい時も悪い時も一度立ち止まって考えられるから ・自分の性格について悩んでいる友達にもアドバイスしやすくなるから	・全文を通読する ・自分自身について知ることの大切さについて考えさせる ・「人生が，ずっとラクになるから」という意見には，「客観的な視点をもつとどうしてラクになるのか？」と補助発問を投げ掛ける
		③自他の性格について体験的に考えさせる ・導入で挙げた自分の短所を黒字で，自分が長所と考える性格を赤字でカードに記入する ・グループになり，各自のカードをすべて出して，組み合わせるとポジティブな結果が得られそうなペアを作る	「長所と短所は裏表」という考え方を実際に使ってみましょう！ ・「怒りっぽい」という短所は，「協調性がある」という長所がもつ「流されやすい」という短所をカバーする，「問題を指摘できる」という長所でもある ・「ビビリ」という短所は，「好奇心が強い」という長所の裏にある「周囲が見えなくなる」という短所をカバーする，「慎重さ」という長所でもある	・他の人が短所と考えることを笑ってはいけないことを確認する ・「△△という短所は，○○という長所がもつ□□という短所をカバーする，☆☆という長所でもある」というかたちで，長所○○と短所△△のペアを作るよう助言する
		④さらに深く考えさせる ・各グループで作ったペアを黒板に掲示して発表し，全体で共有する	各グループが作ったペアを並べてみて，何か気付いたことや感じたことはありますか？ ・一人ひとり性格が違うから面白い ・みんな誰かを支えているのかな ・みんなが同じ性格だと，仲良くなれる反面，修正がきかないかもしれない	・誰かの長所を他の人が増やしてもよいと伝える ・ペアにならなかった短所は，今回は「相方」に恵まれなかったのかもしれないとフォローする
終末		⑤この授業で気付いたこと，これからの自分の生活にどう生かすのかをまとめる	授業全体を通して考えたことや気付いたことを「道徳ノート」にまとめてみましょう。それがこれからの自分の生活にどう生かせそうかについても書きましょう。	・他の人と一緒に作業したり，他の人の意見を聞いたりして，新たに気付いたことをまとめさせる ・これからの生活につなげるようにする

道徳ノート・発言
自己を見つめることができる

ペアトーク・発言
友達の意見も聞きながら，多面的・多角的に考えている

グループワーク
自他の性格がもつ長所と短所について，多面的・多角的に考え，議論している

発言
友達の意見を踏まえて，自分たちの性格の長所と短所の関係について深く考えている

道徳ノート
長所と短所を固定的に捉えず，自分自身についてよく知ることの大切さに気付いている。
自他が異なることをポジティブに捉え，お互いに助け合って生活しようとする意欲が見られる

A-3 向上心，個性の伸長

自己を見つめ，自己の向上を図るとともに，個性を伸ばして充実した生き方を追求すること。

評価のためのキーワード
①自己を見つめる
②個性を伸ばす
③自分らしく生きる
④ともに高め合う

小学校では，自己の長所と短所に気付かせる指導が中心です。本授業ではこれを進めて，長所も短所も関係性の中では流動的であることを体験させます。自他の性格を多角的に考えようとする姿勢を評価したいです。

道徳ノートの評価文例

👍 友達と協力して考えて，「長所と短所は裏表」の考え方をよくマスターできています。相手をじっくり見られる余裕が，相手の短所を長所に変えられる秘訣かもしれませんね。相手と自分の性格を決めつけないよう，お互い努力しましょう。

👍 グループワークを通して，短所を長所にしてもらえる気持ちよさと，長所も場合によっては短所になることを実感できたと思います。この授業で得た感覚を忘れずに，他の人との違いを否定し合うことなく，お互いに楽しめるといいですね。

📢 自分の嫌いなところの発表には，私も勇気がいりました。○○さんがそれをできたことがまず嬉しかったです。そうやって自分が思っていることを他の人に伝えることが，客観的に見るための第一歩だと私は考えます。○○さんの思っていること，私にもぜひ教えてください。

📢 今の自分一人では短所を長所に変えられたりできないと，まさに自分を客観的に見られることに感心しました。いちおう大人の私でも，一人では難しいと思います。困った時はお互い様，遠慮せず助けを借りて自分を見つめてみましょう。

通知表・指導要録等の評価文例

自分をしっかりと見つめた上で、友達と共に自己を高め合おうとする姿が印象的でした。とりわけ、個性について考えた授業では、自分と他者の両方を客観的に捉えてみる中で、私たちが相互に補い合って生活していることを認識して、自他のさまざまな面を伸ばし合っていこうとする意欲を見せていました。

友達と対話しながら、よりよく生きることについて広い視野に立って考えていました。とりわけ、自己の長所と短所の関係について検討した授業では、自分の思う長所に潜む短所を、友達の短所が長所になることで補ってくれる可能性に気付き、人のことを即断しない姿勢の大切さを実感していました。

体験的に学ぶことを通して、人間としての生き方について多角的に考えていました。とりわけ、私たちの個性について取り上げた授業では、自分の短所を長所として捉えてもらうことの心地よさを実感したことから、短所に悩むことは皆同じであると気付き、自他の違いを認めようとしていました。

問いを主体的にもちながら、自己を見つめていました。とりわけ、自分の個性を捉えることの大切さについて考えた授業では、自分を客観的に見つめることの難しさを実感して、自分を客観的に見る方法について考えを深めようとしていました。

友達と共に体験的に学びながら、他者と共によりよく生きることについて自分との関わりで考えていました。とりわけ、自分の長所と短所の関わりについて話し合った授業では、自分の長所と短所を多角的に捉えることは難しいが大事なことだと気付き、自他のために努力する意欲を示していました。

対象学年
中学2年生

内容項目：A-4　希望と勇気，克己と強い意志

主題
4 左手に希望を託して
教材　左手でつかんだ音楽

授業のねらい

　本授業のねらいを，「舘野さんが『左手のピアニスト』としての新たな希望を抱いて再起を果たすまでの過程を手掛かりにして，人生において希望をもつことの意味について考えを深める」と設定した。生徒を取り巻く環境を考慮することなく，希望をもつよう強いることはできない。しかし，希望がある日突然に無から生じるわけではないことや，希望が私たちの人生に潤いや活力をもたらすことは理解できるだろう。そこで本授業では，希望学における希望の定義を参考にしつつ，舘野さんが抱いた希望を共感的に読み解いていくことで，よりよく生きる上で希望が果たす役割などについて考えを深められるように展開を構成した。

授業づくりのポイント

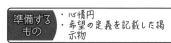
準備するもの
・心情円
・希望の定義を記載した掲示物

　導入では，希望について考えやすくするために，希望の定義を明確にした上で，生徒自身の今の希望について確認する。展開では，希望を失いそうになる舘野さんの辛さへの自我関与を促すため，心情円を使用する。また，希望が関係的に存在することにも気付けるよう，ヤンネさんが抱いていた希望も含めた板書のレイアウトを工夫する。終末では，導入で確認した生徒自身の希望を振り返りながら，自分との関わりの中で多面的・多角的に考えを深められるよう声掛けを行う。

本教材の評価のポイント

①**生徒の学習に関わる自己評価**
　・舘野さんが新たな希望を抱けるようになった理由を，舘野さんに自分を重ね合わせて理解することができたか。
　・自分自身が抱いている，あるいは抱きたい希望について，さまざまな角度から考えられたか。

②**教師のための授業の振り返りの評価**
　・心情円を活用することは，生徒の自我関与に役立っていたか。
　・舘野さんとヤンネさんの関係を踏まえた板書は適切であったか。
　・生徒への声掛けは，希望について多面的・多角的に考えさせるのに適切であったか。

実践例

		学習活動	発問と予想される生徒の反応	指導上の留意点
導入		○ウォーミングアップ ・「希望」の意味を理解して，それへの課題意識をもつ	みんなが抱いている「希望(hope)」は何ですか？ ・部活で県大会へ行く，勉強して行きたい高校へ進学する，一人前になって親孝行する	・希望学における定義「行動によって何かを実現しようとする気持ち」を示して考えさせる
展開		①教材を読む ②教材を読み，考えさせる ・心情円を使って，希望を抱き続けられる可能性についてペアトークで意見交換した後，その理由を発表する	右手にマヒが残った舘野さんが抱いていた希望を，自分なら同じように抱き続けられますか？ ・自分だったら望みが薄いので諦めてしまうかもしれない ・諦めたら何もなくなってしまうから必死でしがみつく ヤンネさんの希望とは何ですか？ ・自分が見つけ出した楽譜によって父が再起すること ・音楽家としての父を尊敬する思いが通じること	・「日を追うごとに……深まっていきました。」まで読む ・舘野さんが抱いていた「両手で演奏を」という希望の内容を補助発問で確認した後で発問する ・最後まで読む ・続く中心発問と合わせて，希望が別の希望を生み出すことが感じ取れるように板書する
		③さらに深く考えさせる ・ペアトークで意見交換した後，発表して全体で共有する	舘野さんの「新たな希望」とは何ですか？ なぜ舘野さんは，それを「新たな希望」として抱けたのですか？ ・「左手のピアニスト」として再起すること ・左手のピアノの世界を切り開き，多くの人々にそれを伝えていくこと ・左手だけでもピアニストとして続けられることに気付いたから ・かえってピアノの新たな世界を知ることができ，それを究めたくなったから ・もともと音楽家としての理想を追求してきたからこそ，左手から生まれる音楽の豊かさに気付けたから	・「もし両手ともマヒになっていたら希望はすべて失われたのではないか」という意見には，確かにピアニストとしての希望は失われるかもしれないが，ケガで引退したスポーツ選手が第二の人生を歩むように，希望そのものは失われないと答える
終末		④この授業で気付いたこと，これからの自分の生活にどう生かすのかをまとめる	希望は私たちに何を与えてくれるのか，希望を希望で終わらせないために他に何が必要かなど，希望について考えたことを「道徳ノート」にまとめてみましょう。	・他の人の意見を聞いたことで，新たに得られた考えなどがあれば，それに気付かせる ・これからの自分の生活につなげるようにする

心情円を使ったペアトーク・発表
自我関与して考えたことを，心情円を使って表現している

ペアトーク・発表
舘野さんが新たな希望を抱くことができた理由について，舘野さんの喜びに共感しながら，多面的・多角的に考えている

道徳ノート
希望の効能や希望と他の道徳的価値との関連について，自分の生活とつなげて考えている

A-4 希望と勇気，克己と強い意志

より高い目標を設定し，その達成を目指し，希望と勇気をもち，困難や失敗を乗り越えて着実にやり遂げること。

評価のためのキーワード
①希望を抱く
②諦めない強い意志
③変わる／変わらない勇気
④目標に立ちはだかる困難を乗り越える

絶望の中から新たな希望を見いだした舘野さんの喜びは，中学生にはやや縁遠いものです。努めて自分事として捉える生徒と，希望について深く考える生徒，どちらにも等しく認め，励ます評価を心掛けましょう。

道徳ノートの評価文例

👍 舘野さんのそれまでのたゆまぬ努力が，新たな可能性や希望をもたらしたのだという意見に，みんなも私も思わずうなりました。○○さん自身の部活動と重ねて，舘野さんの絶望も感じられたと思うので，ケガに注意して練習をがんばってください。

👍 舘野さんが新たな希望を見いだしたことを「自ずと吸い寄せられていく」と表現できるのは，舘野さんの気持ちを100％は理解できないと言いながらも，○○さん自身を舘野さんに重ねて深く考えているからです。そういう希望が見つかるといいですね。

📢 舘野さんの苦悩や喜びに強く共感できたのは，ピアノを習い続けている○○さんだからこそだと思います。希望のあるなしに関して今日の授業で感じ取ったことを忘れずに，一日一日を大事に生きてほしいと思います。

📢 家族に恩返しすることが自分の希望だと言い切れる○○さんは，舘野さんと同じくらい本当に素敵な人です。希望に向かって勉強をがんばる○○さんの役に立てるよう，私も毎日がんばります。

通知表・指導要録等の評価文例

さまざまな人との対話を通して，人間としての生き方について探究していました。とりわけ，希望について考えた授業では，友達と問い掛け合うことで，希望を失わないためには諦めない気持ちが大事であるが，そうして希望を抱き続けることが自身の力にもなるという気付きを得られていました。

教材中の登場人物に自分を重ね合わせて，よりよく生きることについて多面的・多角的に考えていました。とりわけ，希望をもった生き方について議論した授業では，登場人物が抱いた絶望と希望の両方に共感しつつ，希望に向かって努力し続けることが新たな可能性を開くという認識を示していました。

道徳的な問題状況を自分事として捉え，その問題の真相について熟考していました。とりわけ，絶望の中から新たな希望を見いだした人物を取り上げた授業では，その人物の苦しみと喜びに寄り添い共感することで，希望の本質を見抜き，そのさまを表現力豊かに説明していました。

教材中の登場人物に強く共感しながら，よりよく生きることについて自分との関わりで考えていました。とりわけ，新たな希望をもって再起を果たした人物を紹介した授業では，再起できたことを我がことのように喜びつつも，自分自身は希望を失いかけないように自分を大切にしようと心に誓っていました。

自分にとってのよりよい生き方を考えながら，主体的に学んでいました。とりわけ，希望が私たちに与えるものについて考えた授業では，自分の抱いている希望を確認した上で，その希望に向かって努力し続けている自分のよさを改めて自覚していました。

対象学年 **中学2年生**

内容項目：A-5 **真理の探究，創造**

主題

5 真実を見つけるために

教材 赤土の中の真実

授業のねらい

　本授業のねらいを，「疑問をもって探究し続け，ついに真実を突き止めた相沢さんの生き方を手掛かりにして，真実を大切に思う心情を高め，真実を明らかにするために必要な態度と方法についての理解を深める」と設定した。真実や真理を重んじることは，情報モラルとも関連して，極めて重要な市民的資質となりつつある。しかし，それだけでは，真実ではない情報（フェイクニュースなど）に翻弄される危険もある。そこで本授業では，相沢さんが大発見を成し遂げた喜びに共感させるとともに，大発見に至るまでの学術的な探究過程に着目させ，真実を大切にする上での基本的な態度と方法について理解を深めることとした。

授業づくりのポイント

準備するもの
・心情円
・ミニホワイトボード

　導入では，本教材中で覆されることになる過去の定説と生徒の既習知識との間で混乱が起きないよう，それらを整理することも意図して発問を行う。展開では，真実とは与えられるものではなく自ら見つけ出すものであることを暗示するために，心情円を活用して相沢さんの気持ちを考えさせる。また，教材を通読せず，場面ごとに分けて読み進めることで，相沢さんの探究過程の変化に気付かせやすくする。板書もその変化が見えるように工夫する。教師自身の専門性に応じて，他の探究を例示することもできる。終末では，相沢さんの生き方から学べることについて多面的・多角的に考えさせるために，グループで議論するよう配慮する。

本教材の評価のポイント

①**生徒の学習に関わる自己評価**
　・相沢さんが大発見を成し遂げることができた理由について，他の生徒の意見も聞きながらさまざまな角度から考えられたか。
　・相沢さんを参考にして自分自身の生活をよりよくする方法について考えられたか。

②**教師のための授業の振り返りの評価**
　・相沢さんの探究過程の変化を理解させるための発問や板書の工夫は十分であったか。
　・心情円の活用や中心発問を通した生徒に対する自我関与の促しは適切であったか。
　・真実を突き止めようとした相沢さんのよさに気付かせる上で終末は適切であったか。

実践例

	学習活動	発問と予想される生徒の反応	指導上の留意点
導入	○ウォーミングアップ ・相沢さんと旧石器時代についての知識を得る	旧石器時代ってどういう時代か知っていますか？ ・分からない，石器を使っていた，農耕はまだ始まっていない？	・専門的な内容を含んだ教材なので，考える上での前提となる情報を提供する ・旧石器時代の研究で多大な貢献をした相沢さんの話であると伝える
展開	①教材を読む ②教材を読み，考えさせる ・時系列を示した板書を使い，内容を整理する ・補助発問については，期待の有無や程度を心情円を用いて表現する	専門の先生に「着実におやりなさい」と言われて，相沢さんはどう思ったでしょうか？ ・自信を持ってこのまま調査を続けよう ・これまで採集した資料だけでは足りないのか ・専門家でも容易に答えられない疑問に，自分は答えようとしているのか	・「相沢さんはその言葉に勇気づけられました。」まで読む ・相沢さんが抱いた疑問の意味を説明して理解させる ・相沢さんが専門の先生を訪ねた際，疑問への「答え」を教えてもらえると期待したかどうか，補助発問で考えさせる
		「ただ遺物を集めることだけに…」という方針転換は，相沢さんにとってどういう意味があったのでしょう？ ・それだけでは真実を明らかにできない ・調査や研究と無関係のことで判断されないためにも，調査や研究を究めないといけない ・事実の集積は大事だが，それがすべてではない	・「そんな多忙な日々であっても……数知れませんでした。」まで読む ・石片が縄文時代以前のものだという確信を確信で終わらせないために，「学問の大切な基礎」である「事実の集積」の先へと進む必要があったことに気付かせる
		日本の歴史年表に「旧石器時代」と表記されるようになって，相沢さんはどう思ったでしょう？ ・疑問を持ち続けてよかった ・本当に「千里の道も一歩から」だ ・まだこれで終わりではない	・最後まで読む ・疑問に思ったことを放置せず真実を追求し続けたことで，定説を覆す大発見を得られたことへの感慨や，その後も研究を続ける飽くなき探究心に共感させる
終末	③さらに深く考えさせる ・相沢さんとコレクターとの違いについてグループで考え，ミニホワイトボードなどに書いて発表する ・グループごとの意見も踏まえ，各自で考えたことを記述する	相沢さんと普通のコレクターとではどこが異なるのか考えましょう。 また，今日の授業で考えたことや気付いたことを「道徳ノート」にまとめてみましょう。 ・定説を前提にしないで調査を続けたこと ・生活の大半を疑問の解明に費やしたこと ・皆が認めざるを得ない事実をつかむため，手間でも確かな方法で疑問に取り組んだこと	・収集やフィールドワークだけなら趣味でも可能だが，相沢さんがその中で見つけた疑問をそのままにせず，疑問の解明に必要な作業を丹念に進めたことの素晴らしさを改めて確認させる ・他の人の意見にも触れさせながら，考えたことや気付いたことをまとめさせる

心情円を用いた発表
自我関与しながら自分の意見を発表するとともに，友達の意見を聞いて多角的に考えている

挙手・発言
主人公の気持ちに共感して，多面的に考えている

グループトーク・発表
友達と対話しながら，相沢さんの真実を求める思い，姿勢，方法について多面的に考えている

道徳ノート
この時間で考えたことや気付いたことに基づいて，これまでの生活を振り返ったり，これからの自分の生活に生かそうとしたりしている

A-5 真理の探究，創造

真実を大切にし，真理を探究して新しいものを生み出そうと努めること。

評価のためのキーワード
①真実・真理を求める
②疑問をもち続ける
③常識を疑う
④着実に探究を進める

相沢さんが世紀の大発見を成し遂げたことは素晴らしいことです。このことを単に運に恵まれた結果と捉えるのではなく，事実に基づいて定説を疑い，真実を求めて正しい方法で探究を積み重ねた成果であると理解できるとよいでしょう。

道徳ノートの評価文例

👍 違いに気付いたことから生まれた疑問に，相沢さんがとことん取り組めたのは，好きという気持ちがあるからだというのは，私も自分自身を振り返ってみて納得します。○○さんもいろいろなことに挑戦して，全力で取り組みたいことを見つけてください。

👍 相沢さんが定説を覆す発見ができたのは，定説をむやみに信じずに疑い，ちゃんとした方法で調査したからだと理解するにとどまらず，そうした姿勢は自分の生活でも生かせるのではないかと考えられる○○さんに，とても感心しました。

📢 相沢さんの成し遂げたことが簡単なことではないからこそ，それをすごいと素直に思える感性は大事だなと思います。みんなも私も，すぐに相沢さんみたいになれるわけではないけれど，一つ一つコツコツと取り組んでいきましょう。

📢 他の人の努力が報われたことをよかったと思えるって本当に素敵なことです。努力が報われるには，がむしゃらにやればいいわけではないことにも気付いたようですので，今度は○○さんの一味違った努力を見せてください。

通知表・指導要録等の評価文例

友達との対話を通して，よりよく生きることへの理解を深めていました。とりわけ，真実を突き止める大切さについて考えた授業では，教材中の登場人物が行った探究について友達と意見交換しながら考察していく中で，疑問をもち続けることや反論されない方法で証拠を集めることの大切さに気付くことができました。

よりよく生きるのに必要な力について，多面的・多角的に考えていました。とりわけ，真実を求めることの大切さについて考えた授業では，真実を明らかにするには疑問に気付けることが大事であるが，疑問に気付けるその根底には真実を明らかにしようとする物事への強い探究心や愛があるという，鋭い洞察を行っていました。

授業を通して深めた人間としての生き方についての考えを，自分自身との関わりで生かそうとしていました。とりわけ，真実を突き止めるのに必要な態度や方法について議論した授業では，定説をむやみに信じずに疑うことや，他の人から反論されない確実な方法で探究することを，自分の生活に生かそうとしていました。

教材中の登場人物に自分自身を投影させて，よりよく生きることの善さと難しさを実感していました。とりわけ，真実の大切さについて考えた授業では，周囲の人から中傷されたりしながらも，ついに真実を明らかにした登場人物の苦労に共感を示しつつ，真実を大切にする偉大さと大変さの両方を感じ取っていました。

難しい内容にも音を上げずに取り組み，教材中の登場人物が得た幸福に共感して喜ぶ記述が印象的でした。とりわけ，真実に向かうための努力について議論した授業では，登場人物がさまざまな努力を積み重ねた結果，真実を明らかにできたことに気付き，努力が報われたことを進んで肯定していました。

対象学年
中学1年生

内容項目：B−6 思いやり，感謝

主題

6 その人が本当に望んでいること

教材 思いやりの日々

授業のねらい

　中学1年生の頃は，温かい人間愛に恵まれないと，利己的，自己中心的で，他を省みない行動に走る場合がある。また，自分の存在に深く関わることになると，言葉や行動として思いやりや感謝の気持ちをうまく表現できないこともある。そのため，相手の立場や気持ちを理解することの大切さを自覚させ，相手の思いに共感し，思いやりの心で接しようとする態度を育てることが肝要である。本教材は，脳の病気により障がいが残る妻の申し出を断り，何も手伝いをさせなかった夫が主人公。その後，夫はホームヘルパーの体験を通しての気付きから，妻に対し反省し，相手への真の思いやりとは何かを考え，実践していくというもの。妻に対する気遣いが本当は違うことに気付いた主人公の思いを通して，相手が本当に望んでいることを考え，思いやりの心を持って接しようとする意欲を育んでいきたい。

授業づくりのポイント

準備するもの ・登場人物のイラスト

　中心発問ではペア等の話し合いをもち，全体で意見を発表させる。その後，問返し発問を入れてグループでの話し合いをもつ。その際，個々の意見に対する問返しは指摘するだけに留め，一通り意見が出たらまとめて全体に問い，その後グループでの話し合いに入る。

本教材の評価のポイント

①生徒の学習に関わる自己評価
　・主人公の考え方に共感することができたか。自分のこととして考えていたか。
　・中心後の問返しから，他の人の意見を聞き，自分の考えとの違いや考えの深さの違いを知ることができたか。

②教師のための授業の振り返りの評価
　・生徒に本当の思いやりについて考えさせることができたか。
　・生徒を主人公に共感させ，生徒自身のこととして考えさせることができたか。
　・生徒の意見交流をしっかり促す発問（問返しを含む）ができたか。
　・全体発表で，生徒が本当の思いやりについて他者の考えを取り入れて考えていたり，発表したりすることができていたか。

実践例

		学習活動	発問と予想される生徒の反応	指導上の留意点
導入		○ウォーミングアップ ・ホームヘルパーの仕事を押さえる	ホームヘルパーって知っていますか？ ・日常生活に支障のある人の家に派遣されて家事・介護などを行う人	・自由に言わせる ・軽く扱う（時間をかけない）
展開		①教材を読む ②教材を読み，考える。 ・登場人物のイラストで内容を整理させる （内容理解）和威さんの喜美世さんへの思いやりを考える （内容理解）今，和威さんが考える思いやりの理由を考える	はじめ和威さんが喜美世さんの手伝いを断った理由は？ ・妻への恩返しし，楽して欲しかった 相手に何もかもしてあげるのではなく，その人ができることは自分でこなしてもらう……和威さんは何でそれが思いやりだと思うようになったのでしょう？ ・他の人の力を借りずに自分の力でできると自信になる ・これから生きていく上での自信になる ・周りに誰もいないとき，自分でできることが増える。自立につながる	・全文を通読する ・内容確認は説明だけでも可 ・主人公が障がいが残る妻に対しホームヘルパーの体験を通しての気付きから，本当の思いやりに気付く話 ・和威さんが考える思いやりを捉えさせる （→何の自信になるの？）
		③和威さんがホームヘルパーの体験を通して気付いたことを考える ・数人に発表させ，その後問返しを入れる ・問返し後4人でグループトークを行う ・4人の意見はまとめず，意見を交換し，発表して全体で共有する	和威さんは，ホームヘルパーを通して何に気付いたのですか？ ・妻に言ったこと（いいよ，ぼくが全部やるから）を後悔した ・自分がよかれと思って言ったことが実は相手を傷つけていた ・自立を促すために相手ができることは手伝わない，相手に任せた方がよい ・何でもやってしまうことは，その人の目標や意欲を全部私が刈り取ってしまう ・（道子）人にばかりお願いしていたら自分がダメになっちゃう ・障がいがある人も本当は人に頼らず自分の力で生きていきたい。何でも頼ってしまうと何もできなくなり，自立できない	※問返しは生徒の答えによって入れる。中心で深まれば省略可 ・本文中に書かれている事柄が，なぜそうなのかを問返す （→何でそれが相手の自立になるの？） （→できないからヘルパーに来てもらってるのじゃないの？） （→できるとしてもかなりしんどい（苦労する）ことじゃないの？） （→しんどい（苦労する）から助けてもらいたいのじゃないの？）
		④さらに深く考える ・和威さんの後悔の理由を考える ・数人に発表させる	和威さんは何で喜美世さんに言ったことを後悔しているのですか？ ・せっかく妻が頑張ろうと，自立しようとしているのをさせなかったから ・妻に逆に気を遣わせてしまった ・いつも世話をしてもらうことが重荷にならせてしまった ・妻が今一番したいことを考えていなかった	・本当の思いやりの意味を捉えさせる ・喜美世さんの幸せを考える （→どういうこと？） （→喜美世さんがしたいこととは？）
終末		⑤この授業で気付いたこと，これからの自分の生活にどう生かすのかをまとめる	今日考えたことや気付いたことを「道徳ノート」や感想用紙（ワークシート）にまとめてみましょう。 これからの自分の生活にどう生かすのかについても書きましょう。	・他の人の意見を聞いたことで，今までの自分を振り返り，自分の考えが変わったことがあれば，それに気付かせる ・これからの生活につなげるようにする

挙手・発言
道徳の授業に参加する意欲，関心はあったか

挙手・発言
主人公の気持ちに寄り添って，自分のこととして考えているか

グループ・発表
友達の意見をよく聞いて，発表しているか

挙手・発言
思いやりは相手が本当に望んでいることを考えることに気付いているか

道徳ノート
思いやりは相手が本当に望んでいること等の記述があるか

振り返り
この時間で考えたことや気付いたことを，これからの自分の生活に生かそうとしているか

45

B-6 思いやり，感謝

思いやりの心をもって人と接するとともに，家族などの支えや多くの人々の善意により日々の生活や現在の自分があることに感謝し，進んでそれに応え，人間愛の精神を深めること。

評価のためのキーワード
① 相手の立場や思いを考え行動する
② 支え合いや助け合いにより今の自分がある
③ 相手の重荷にならない思いやり
④ 思いやりと感謝から人間愛の精神へ

思いやりや感謝が大切であることだけでなく，相手の立場や気持ちに対する配慮，相手の重荷にならない配慮も必要です。多くの人々に支えられて，今の自分があることにも気付いて，感謝することが大事ですね。

道徳ノートの評価文例

👍 2人のそれぞれの思いやりや感謝の気持ちだけでなく，和威さんの喜美世さんへの思いの変容を通し，相手が本当に望んでいることを考え行動することの大切さに気付いていますね。そのことはとても大事なことです。

👍 相手の立場を考えることを双方の側から考え，本当の思いやりは相手の立場を思い，今何が必要かを考えることであることに気付いていますね。相手の重荷にならない思いやりについても考えたことは素敵です。

📢 相手の自立を促すことがその人の幸せにつながることに気付き，それを自分のこととして考え，実践しようとしていますね。思いやりを行動に移そうとする気持ちをこれからも大事にしてください。

📢 相手の自立のために，その人のできることだけでなく，できそうなことへの働き掛けまで考えられています。見守ることの大切さを理解し行動しようとする気持ちをこれからももち続けてください。

通知表・指導要録等の評価文例

学期当初は単に教材の感想中心の振り返りが，だんだん道徳的価値に触れるようになってきました。教材「思いやりの日々」の授業では，相手に親切にすることだけが思いやりではなく，相手の立場を尊重し相手が何を望んでいるのかを考える，そのために見守ることも大事な思いやりであることに気付いていました。

自分の考えをいつもよく発言していましたが，学期後半では友達の考えとの違いや共通することまで意識して意見を述べていました。教材「思いやりの日々」の授業では，主人公の思いやりだけでなく，その妻が主人公の負担にばかりならず，自分ができることは自分でやりたいという自立の考えをもつことの大切さにも気付いていました。

学期当初は主人公の気持ちをよく考えていましたが，少しずつ主人公に自分を重ね，主人公に共感する発言が増えてきました。教材「思いやりの日々」の授業では，主人公の気付き，相手が本当に必要としていることを考え，そのことを行うことが相手の幸せにもつながるという人として大切なこと，人間愛まで考えていました。

授業を重ねる度に，友達の考えを聞くことの大切さに気付くようになってきました。教材「思いやりの日々」の授業では，友達の発言の「苦労するからヘルパーが必要」に対し，それを認めつつも「その苦労を介助なしで克服することによる喜びもある」との発言をして，手助けしない思いやりもあることに気付いていました。

授業を重ねる度に，友達の考えをよく聞き，同じ道徳的価値にもいろいろな考えがあることに気付いていました。教材「思いやりの日々」の授業では，相手ができないことを手伝う，相手ができるように見守る思いやりだけではなく，相手にとって何が必要なのかを考えること，そのことも思いやりであると考えるようになりました。

対象学年 **中学1年生**

内容項目：B-7 礼儀

主題
7 あいさつを通して

教材 朝市の「おはようございます」

授業のねらい

　礼儀は，人間関係や社会生活を円滑にするための優れた文化の一つである。礼儀の基本となる相手への敬愛の気持ちは，「気持ち」と「具体的に示すこと」の心と形が一体となってはじめて相手に伝わるものである。形の根底にある意義を捉えながら，時と場に応じた適切な言動について理解できるようにしたい。

　中学生の時期は，礼儀の大切さについての理解が高まってくる反面，従来からのしきたりや形に反発する傾向も見受けられる。礼儀について，相手への敬愛の気持ちを伝える意義とそれを伝えるための相互に承認された形について考えることが大切である。

　本教材は主人公が旅先で子供にあいさつをされてうれしくなり，あいさつに自然と込められる相手への敬意や礼儀について改めて気付き，考えるものである。本教材を通して，相手に対して礼儀をもった言動をすることで，よりよい人間関係を築いていこうとする心情を育みたい。

授業づくりのポイント

準備するもの
・マグネット付のカード
・登場人物のイラスト

　導入では，あいさつに関する意識についてクラスの実態を確認しておき，終末において比較しやすいよう板書で残しておく。展開では，小学校の男の子の素直さやアメリカの田舎で育った男性の素直さを取り上げ，作者がなぜあいさつをされて「うれしくなった」のか話し合いを通して考えていく。話し合いの中で「うれしくならない場合」について補助発問をすることで，相手への礼儀をより深く考えられるようにする。

本教材の評価のポイント

①生徒の学習に関わる自己評価
・礼儀の意義について考えることができたか。
・習慣的にあいさつをするだけでなく，相手のことを考えたり，時と場に応じたあいさつについて考えたりすることができたか。

②教師のための授業の振り返りの評価
・生徒たちがこれまでの体験を振り返ったり，現状を把握したりするための工夫ができたか。
・心と形が一体になったあいさつについて，具体的にイメージをもたせることができたか。

実践例

		学習活動	発問と予想される生徒の反応	指導上の留意点
導入		○ウォーミングアップ ・事前アンケートから学級の「あいさつ」に対する意識を確認する	あいさつはなぜ大切なのでしょうか？ ・一日のはじまり ・人間関係を円滑にするため	・あいさつがなぜ大切なのかを授業の前と後で比較できるようにしておく
展開		①教材を読む ②教材を読み，考えさせる ・登場人物のイラストで内容を整理させる	あいさつをされてうれしくなったことはありますか？ ・元気な大きい声であいさつをしてくれたとき ・いつもは自分から言わない友達が自分からあいさつをしてくれたとき	・全文を通読する ・うれしくなったときと，そうでないときのあいさつについて考えさせて対比を板書する
		③あいさつに込められた気持ちについて考えさせる	作者が，旅行先で子供にあいさつをされて，うれしくなったのはなぜでしょうか？ ・子供の素直な気持ち ・お互い一人の人格としてあいさつを交わしているから	・大人の暗黙のルールを取り上げる ・アメリカから東京へ出てきた男性がおはようマシーンになってしまうことについて取り上げる ・お互いが一人の人格として認め合っている気持ちに気付けるようにする
		④さらに深く考えさせる ・4人でグループトークを行い，出た意見のキーワードをカードに書く	あいさつはなぜ大切なのでしょうか？	・なぜ，そのキーワードが出たのかを聞いてみる
		・4人の意見はまとめず，意見を交換し，黒板に掲示させて，全体で共有する	・礼儀 ・相手を思う気持ち ・素直さ	・カードは葉の形にするなど，見た目も工夫し，マグネットを付けておく
終末		⑤この授業で気付いたこと，これからの自分の生活にどう生かすのかをまとめる	今日考えたことや気付いたことを「道徳ノート」にまとめてみましょう。また，これからの自分の生活にどう生かすのかについても書きましょう。	・他の人の意見を聞いたことで，今までの自分を振り返り，自分の考えが変わったことがあれば，それに気付かせる ・これからの自分の生活につなげるようにする

挙手・発言
これまでの自分のあいさつに対する意識を友達の意見と比較しながら考えている

ペアトーク・発表
友達の意見をよく聞いて，発表している

挙手・発言
主人公の気持ちに寄り添って，自分のこととして考えている

道徳ノート
あいさつは，ただすればよいということではなく，相手を思う気持ちが大切であることに気付いている

振り返り
この時間で考えたことや気付いたことを，これからの自分の生活に生かそうとしている

B-7 礼儀

礼儀の意義を理解し，時と場に応じた適切な言動をとること。

評価のためのキーワード
①礼儀の意味を考える
②時と場合に応じた言動に努める
③心と形の一体
④人間関係

あいさつをすることを当たり前のように感じている人が多いと思いますが，礼儀としてのあいさつを意識することで，お互いがうれしくなるようなあいさつを，自分から積極的にしていこうとする姿勢を養いたいですね。

道徳ノートの評価文例

👍 友達とじっくり話をしたり，実際にあいさつをしてみたりすることで，心と形が一体となれば相手に気持ちが伝わるということが実感できましたね。相手のことを考えたり，時と場に応じたあいさつについて深く考えたりすることができました。

👍 あいさつ運動のとき，ただあいさつをするだけでは，気持ちが伝わらないということに気付き，相手に言われて「うれしくなるあいさつ」について真剣に考え，これからあいさつに一言添えてはどうだろうかなど友達と話し合うことができました。

📣 なぜ，あいさつをすることで，相手の気持ちをうれしくさせることができるかを主人公になったつもりで考えたり，友達と役割を交換しながら実際にやってみたりすることで，心と形が一体になったあいさつについて実感がわいてきます。「うれしくなった」ときの感覚を大切にできるといいですね。

📣 すれ違う人にただあいさつをするのではなく，「○○くんおはよう」と名前を付けたり，目を見てあいさつをしたりすることで，お互いが気持ちよく生活をすることができると考えられましたね。具体的に自分ならどうするかを考えると，いろんなことに気付くことができますね。

通知表・指導要録等の評価文例

自分の考えを述べるだけでなく，友達の意見にも耳を傾け，積極的に話し合いに参加する姿勢が見られました。特に，「礼儀」についての授業では，礼の形が形式的なものになり，心や思いが込められていなければ意味をなさないことに共感し，形の根底にある意義について考えを深めることができました。

礼儀正しい言動は，単に自分の品格を高めるだけではなく，自分の周りにいる人たちにもよい影響を与え，お互いの人間関係を円滑にすることに気付きました。特に教材「朝市の『おはようございます』」の授業では，今まで形式的なあいさつになっていたことを振り返り，相手に敬意を伝えられるあいさつについて深く考えることができました。

どんなことに対しても真剣に向き合い，自分の体験と重ねることを通して，いざ自分はどうするかと考える姿が素晴らしいです。特に教材「朝市の『おはようございます』」の授業では，どんな風にあいさつをされるとうれしいのかを友達と繰り返し試してみて，これからの生活に生かそうと意識を高めました。

授業では，いつでも友達の意見に真剣に耳を傾けて，自分の考えと比較しながら，これからの生き方を考えています。教材「朝市の『おはようございます』」の授業を通して「人間関係において礼儀正しくすることの利点について深く考え，実際に友達とあいさつをし合い，相手の様子に応じた言動の大切さについて気付くことができました。

「礼儀」について取り上げた授業では，今までの自分自身を振り返り，友達と意見を交わしながら，「礼」の相手への伝わり方に着目して考えました。振り返りでは，ワークシートに「礼儀は，相手を尊重する心をもったり，心のこもった接し方をしたりすることが大切」ということをまとめることができました。

対象学年 **中学3年生**

内容項目：B-8　友情，信頼

主題
8 信頼できる友達

教材　合格通知

授業のねらい

　真の友情は，お互いの信頼があって成り立つものである。そして，相手の人間的な成長と幸せを願うことや，互いに励まし合い，高め合うことで育まれていく。より相手の立場に立って気持ちを考え，信頼できる友達関係を築き，深めていけるようにしたい。中学生の時期は，心身の成長が目覚ましいが，そのため不安定な時期でもある。感情の起伏が目立ち，ともするとささいなことから感情の行き違いが生じ，友達のことを傷つけてしまうこともある。互いに支え，競い合い，高め合うことができる友達や信頼とは何かを考えることが大切である。

　本教材は主人公の高校の合格通知を友人が勝手にＳＮＳに投稿したことにより，友人との間に誤解やすれ違いが生じてしまうものである。ＳＮＳの使い方で起こりやすい事例であり，主人公が，悩み葛藤する気持ちを考えることで，それを乗り越えた時の友情や信頼について深く考えることができる。本教材を通して，情報モラルの問題や心から信頼できる友達との関係を大切にすることの理解を深め，よりよい人間関係を築いていこうとする態度を育てたい。

授業づくりのポイント

準備するもの
・登場人物のイラスト

　導入では，事前に友達についての意識アンケートをとっておき，授業前と後で変容が分かるようにしておく。展開では，登場人物それぞれの立場でその気持ちを考え，多角的な考え方のもとで状況を把握させる。また，グループでお互いの考えを交流する場を設けることで，生徒の対話的な学びを促し，考えを深めることができるようにする。

本教材の評価のポイント

①生徒の学習に関わる自己評価
　・友達のためと考えるだけでは，場合によっては傷つけてしまうことがあることを知り，相手の対場になって考えることができたか。
　・すれ違うことがあってもそれを乗り越え，友達関係をよくしていくことを考えられたか。

②教師のための授業の振り返りの評価
　・発問が適切に行われ，生徒が発問に対して多角的に考えていたか。
　・ＳＮＳの使い方で気を付けなければならないことを生徒が考えることができたか。

実践例

		学習活動	発問と予想される生徒の反応	指導上の留意点
導入		○ウォーミングアップ ・アンケートから親友についての認識について，学級の実態を確認する	親友に関するアンケートの結果を見てみましょう。 ・なんでも隠さず話ができる ・困ったときに助けてくれる ・いつも一緒にいる	・事前に親友とはどういう友達だと考えているかアンケートを取っておく。時間はかけずに全体で確認していく
展開		①教材を読む ②教材を読み，考えさせる ・登場人物のイラストで内容を整理させる ・自分の意見がまとまったら，隣の人とペアトーク。そして，発表させる	舞は，両手で頭をかかえこんで自分の席に座っているとき，どのようなことを考えていたのでしょう。 ・隆君になんて伝えればいいか分からない ・なぜ美穂はSNSに私の合格通知の写真を投稿してしまったのだろう ・自分はなぜ美穂に写真を送ってしまったのか	・全文を通読する ・主人公に自我関与することで舞の気持ちに迫れるようにする
		③SNSへの投稿について考えさせる	SNSに投稿するときに気を付けることはどういうことでしょう。 ・不特定多数の人が見ることができるため，個人情報に関するものは投稿しない ・投稿する前に誰かを傷つけることにならないかよく考える ・一度投稿してしまった情報等はすべて消去することはできない	・自分の考えをワークシートに記入し，小グループで意見を交換させることで，全員が自分の考えを発表できるようにする ・机間巡視を行い，考えを書けない生徒に助言する ・小グループで話し合った意見を発表させる
		④さらに深く考えさせる ・友達関係を深めるために必要なことを考え，話し合う	友達との関係をよくするために必要なことはどういうことでしょう。 ・今まで，なんとなく一緒にいただけだったけど，相手のことを考えて接することができれば，けんかをすることもなく，お互い高め合い，励まし合いながら生活していける。また心の支えになることもできる	・自分自身を振り返る時間を十分に確保して，ワークシートに記入させる ・考えの根拠を聞き，より深く考えさせる
終末		⑤この授業で気付いたこと，これからの自分の生活にどう生かすのかをまとめる	今日考えたことや気付いたことを「道徳ノート」にまとめてみましょう。また，これからの自分の生活にどう生かすのかについても書きましょう。	・他の人の意見を聞いたことで，今までの自分を振り返り，自分の考えが変わったことがあれば，それに気付かせる ・導入で考えたときの親友と，学習を振り返ったときの，親友への考えが変わったかを比較させる

挙手・発言
自分の体験や友達の考えについて知る

ペアトーク・発表
友達の意見をよく聞いて，発表している

挙手・発言
主人公の気持ちに寄り添って，自分のこととして考えている

道徳ノート
自分の行為が自分や他人にどのような結果をもたらすか深く考えることを大切にし，その結果に責任をもとうとすることができたか

振り返り
この時間で考えたことや気付いたことを，これからの自分の生活に生かそうとしている

B-8 友情，信頼

友情の尊さを理解して心から信頼できる友達をもち，互いに励まし合い，高め合うとともに，異性についての理解を深め，悩みや葛藤も経験しながら人間関係を深めていくこと。

評価のためのキーワード
①相手の立場になって行動する
②よりよい友人関係の構築
③正しいSNSの使い方について考える

友達のためと思って行ったことでも，結果的に相手を傷つけることになっては，友情や信頼は深められません。相手の立場に立って考えたり，お互いに励まし合ったり，高め合ったりするような友情を育みたいですね。

道徳ノートの評価文例

👍 舞さんのためと思って写真を投稿したことが，逆に舞さんを苦しめることになってしまったことに気付くことができました。また，相手の立場になって行動することが友達関係を深めていくということについて，真剣に考えることができました。

👍 両手で頭をかかえて考え込んでしまった舞さんについて真剣に考え，舞さんと美穂さんの間に起きてしまったことを話し合うことができましたね。お互いのことを考えて行動することの大切さや，すれ違うことがあったとしても，お互いのことを信じ合い，よりよい友達関係を築いていくことを考えることができました。

📣 これまでは「なんとなく仲がいいから一緒にいる」という友達関係でも，舞さん，美穂さん，隆さんの3人の立場になってそれぞれの気持ちを考えることで，「相手のことを考えて接していくことが大切」ということに気付くことができましたね。相手の気持ちを考えることについては，これからさらに考えを深めていきたいですね。

📣 舞さんが美穂さんの自分を思う気持ちが分かる一方，隆さんを傷つけることになった美穂さんの行動が許せない気持ちも理解できましたね。このあと美穂さんはどうすればよいのかについては，○○さんの中で考えている途中で授業が終わりましたが，最後まで考え続けることで，これからの生き方のヒントになりますね。

通知表・指導要録等の評価文例

友情についての話し合い活動では，親友とはただ仲がいいというだけではなく，お互いに励まし合ったり，高め合ったりすることだと気付きました。特に教材「合格通知」の授業では，友達を祝福するつもりで行ったことが，逆に傷つけてしまう場合があることを知り，自分のこととして真剣に考えることができました。

友情について考える授業では，当初友達については，一緒にいて楽しい，話を聞いてくれるという考えでした。教材「合格通知」の授業の中では，相手を傷つけないように気を付けることや，お互いのことを励ましたり，高め合えたりすることを考えることも大切だと気付き，心から信頼できる友達について考えが深まりました。

友達のことを考えるというテーマで，特に教材「合格通知」の学習では，SNSへの投稿について，「SNSに投稿するときには十分注意する」とワークシートに記入したり，「自分の行動には責任がある」という発言をしたりしました。主人公と自分を重ね合わせて考え，これからの自分について前向きに見つめることができました。

道徳の授業では，頭では分かっていても，実際に行動に移すことの難しさを，自分の体験と重ねて考えたり，どうすれば実現できるか友達と話し合ったりしました。特に友達についての授業では，友達と助け合うことや友達のよいところを見ていこうとすることが大切であるなど，自分を振り返り，友達とは何かを深く考えることができました。

友情についての教材「合格通知」の授業の中では，SNSの使い方に気を付けないと，相手や自分を苦しめてしまう場合があることに気付きました。お互いに励ましたり，信頼したりできる友情を大切にするために，自分の言動に責任をもつことや相手のことを傷つけないことについて，真剣に考えることができました。

対象学年
中学2年生

内容項目：B-9 相互理解，寛容

主題

9 相互理解・寛容の心

教材 遠足で学んだこと

▶ 授業のねらい

　中学生になると，行動範囲が広がり，友人や集団との関わりが生活の中で大きな比重を占める。人には，それぞれいろいろなものの見方や考え方があり，個性がある。そこで大切なのは，お互いに相手の見方や考え方を認め，その立場を尊重することである。

　本教材は遠足でのちょっとしたいさかいを取り上げたもので，時間やきまりを大切にしたいと考えている主人公「ぼく（藤野君）」と自然や植物との触れ合いを大切にしようとする同じ班員吉川君との対立を通して，お互いを理解し相手から学ぶことの大切さに気付かせようとする身近な教材である。授業のねらいは「自分の考え方を伝えるとともに，自分とは異なる見方や考え方をする相手にも寛容の心で接し，相手の立場に学ぼうとする態度を育てる」とした。

▶ 授業づくりのポイント

　十人十色，誰もが個性をもっている。互いの考えが違うのは当たり前であり，それを克服するには，まず自分の考えを相手に誠実に伝えること，そして相手の考えを寛容の心で謙虚に聞くことである。中学生の時期は嫌われたくないからか，なんでも相手に同調しがちであるが，自分の考えをしっかり伝えることは相互理解のために重要である。その上で相手の意見のよいところを学び，自分を高めていくことが大切である。自分の考えに固執するだけでは進歩がない。寛容な心で接することが，相手の考え方を知り，それを自分の成長に生かすポイントであることに気付かせたい。

▶ 本教材の評価のポイント

①生徒の学習に関わる自己評価

　・自分の意見を相手に伝え，寛容の心をもってそれぞれの個性の違いを認め，いろいろな見方や考え方があることを学び，自分を高めていくことが大切であることに気付き，これからの自分の生き方について深く考えることができたか。

②教師のための授業の振り返りの評価

　・ねらいが達成できたか。寛容な心をもつことにより，相手から学び自分を高めていくことができることを理解させたか。これからの生活に生かそうとする態度を育てたか。

実践例

		学習活動	発問と予想される生徒の反応	指導上の留意点
導入		○ウォーミングアップ ・一人ひとりみな違うことを実感させる	あなたが好きなこと，やりたいことは何ですか？ ・ゲーム ・サッカー ・読書	・温かい雰囲気で和やかに発表し合う ・挙手でも，順次指名でもよい
展開		①教材を読む ②あらすじを確認し，「ぼく（藤野）」の考えや行動を中心に話し合う	ぼくと吉川君が，ぶつかり合ってしまったのはなぜでしょう？ ・ぼくがきまりを守ろうとしているのに，吉川君が植物のことを長々と説明し続けるから ・ぼくが貴重なエビネをむしって川に投げたから 坂巻君の言葉を聞いて，「ぼく」の気持ちが楽になったのはなぜでしょう？ ・自分の考えを理解してもらえたので安心した ・2人とも認めてもらい，みんなが元通り仲良くなれそうに思えた ・「みんなちがって，みんないい」と分かった	・登場人物が多いので，誰が言った言葉か，しっかり確認する ・どちらが正しいと一概に言えない。2人の大切にしようとするものが異なっている ・吉川君を理解しようとする，「ぼく」の謙虚で前向きな気持ちに気付かせる
		③さらに深く考える ・自分を振り返り，「道徳ノート」にまとめて発表する	自分とは異なる相手のよさに気付き，学んだことを生かすにはどうしたらよいか，「道徳ノート」にまとめて発表しましょう。 ・寛容の心で相手を認めることが大切だ	・ノートに書く時間を確保する ・これからの生活に生かそうとする意欲を高める
終末		④金子みすゞの詩「私と小鳥と鈴と」を読む	「みんなちがって，みんないい。」素敵な言葉ですね。金子みすゞの詩を読みます。	・教師がゆっくり厳かに範読し，余韻をもって終わる ・終了後，板書を撮影し保存する

【挙手・発言】 一人ひとり違うことを実感している

【挙手・発言】 ぼくが学級のきまりを守ろうとしていることに気付いている

【挙手・発言】 ぼくの気持ちに寄り添い，自分のこととして考えている

【道徳ノート・発表】 相互理解のためには，自分の考えを伝え，相手の考えを理解することが大切だと気付いて，これからの生活に生かそうとしている

【朗読】 金子みすゞの詩の一文「みんなちがって，みんないい。」に共感している

B-9 相互理解, 寛容

自分の考えや意見を相手に伝えるとともに, それぞれの個性や立場を尊重し, いろいろなものの見方や考え方があることを理解し, 寛容の心をもって謙虚に他に学び, 自らを高めていくこと。

評価のためのキーワード
①自分の考えを相手に伝える
②いろいろな考えがあることを理解する
③それぞれの個性を尊重する
④謙虚に他に学び, 自分を高める

中学生時代は, 友達を大事にするあまり, 何でも同調しようという気持ちが強いですね。それだけに, 自分を主張した上での相互理解, 自分を高めることの価値に気付かせることが大切ですね。

道徳ノートの評価文例

👍「『ぼく』は勇気があったと思います。私は相手がどう思うか気になり, なかなか自分の考えが言えません。でも言った方がお互いに理解し合い友情が深まるのだなあと思いました」とありますが, その通りですね。自分の考えをしっかり伝えることで互いの理解が深まることに気付き, 自分を高めようとしていますね。

👍○○さんが言うように, 「みんなちがって, みんないい。」は, トラブルを解決する"魔法の言葉"でしたね。誰もが個性をもっており, その人なりの良さがある。相手を認め謙虚に学ぶことの大切さに気付けてよかったですね。また, この言葉をできるだけ生活の中に生かそうとする姿勢に感心しました。

📢「みんなが協力する気持ちに欠けていたから, みんなが嫌な思いをすることになってしまいました。特に女子が悪いと思います」とあります。協力し合うことは大切ですが, 人には個性があり, いろいろな考えがあります。広い心で相互に理解し合うためにはどうするべきかについて, 引き続き考えてみてくださいね。

📢「女子や吉川君たちは自分勝手だと思います。藤野君はみんなのことを考えていたのにかわいそうです」とありますが, ではどうすればお互いの理解が深まったのでしょうか。藤野君は何を学んだのでしょうか。謙虚に自分の考えを相手に伝え, 相手に学び, 自分を高めていくことの大切さについてもう一度考えてみてください。

通知表・指導要録等の評価文例

教材の主人公に自分を重ね合わせ、自分を振り返りながら考えています。「相互理解・寛容の心」の授業では、「道徳ノート」に「私も『ぼく』のようについ文句を言いたくなってしまいます。相手のことを考えてお互いに理解し合えば、自分のためにもなることが分かりました」と書くなど、価値に気付き自分の考えを深めています。

友達の考えを認め、よいところを学ぼうとする姿がたびたび見られました。例えば、教材「遠足で学んだこと」の授業では、「私も○○さんの意見の通りだと思います。やっぱり自分の意見を伝えないと相手も理解できないと思います」と発言していました。話し合いでの友達の意見に触れ、自分の理解をより一層深めています。

授業のねらいをよく理解し、よりよく生きようとしている姿勢が見られます。特に、「相互理解・寛容の心」の授業では、「道徳ノート」に「人はみんな違う。みんな違ってみんないい。だから世の中はおもしろい。お互いに理解し合うことはとても大切なことです」と書くなど、価値についてより深く理解し、前向きに生きていこうとしています。

発言は少ないですがよく考え、「道徳ノート」等には自分の考えをきちんと書いています。例えば、「相互理解・寛容の心」の授業では「相手の考え方と違うのは当たり前。だから藤野君のように自分から相手に思いを伝え、相手の意見も聞き理解し合うことが大切なのです。私も学んだことをこれから生かしていきたい」と意欲を高めていました。

前向きに授業に参加し、より深く考えようとする姿勢が顕著です。教材「遠足で学んだこと」の授業では、他人の欠点はよく目に付くものでなかなか許せない人間の弱さを認めた上で、それを乗り越え、寛容の心で相手を理解しようとすることによって自分も成長することができる、と気付くことができました。

対象学年: **中学3年生**

内容項目：C－10　遵法精神，公徳心

主題

10 公徳のモラル

教材　缶コーヒー

▶ 授業のねらい

　中学生の時期とは，他律的な生き方から自律的な生き方への移行期であり，法やきまりへの反発を感じる一方，法やきまりを守り，お互いの義務を果たすことの必要性，そして同時に，法やきまりをよりよいものへ変えることの意義や重要性についても認識できるようになる。

　お互いの自由と権利を尊重し合うためには，相手の義務や権利にも目を向け，お互いの主張が調和し両立できるための方法を模索する姿勢も必要となる。指導にあたっては，目の前の相手には外見からは分からない事情や心情が存在している可能性もあり，一方的に決めつけや非難をすることなく，相手を思いやる心も求められることを，意識させる必要がある。

　本教材では登場人物それぞれに何らかの「落ち度」が存在する。単に女性一人に責任を求めるのではなく，全体に目を向けた上で主人公の立場に立ち，よりよい社会を作るためにどうすればよいかを考えさせることで，多面的・多角的な思考が可能となる。授業を通して生徒には，責任を他人だけに押し付けたり，逆に自分だけで抱え込んだりするのではなく，全体に目を向け，集団（社会）の皆が安心して過ごせる関係を築こうとする力を育みたい。

▶ 授業づくりのポイント

　ペアやグループで意見交換を行う際には，相互に「なぜそう考えるのか」を尋ね合わせたい。自らの意見とは違う他者の意見に気付かせ，多面的・多角的な思考を促すことが可能となる。

▶ 本教材の評価のポイント

①生徒の学習に関わる自己評価
・女性と主人公がとった行動の問題点に気付けているか。
・女性の立場や考えに思いをめぐらせた上で，よりよい集団（社会）の実現に向けて主人公が取るべき行動を考えられたか。

②教師のための授業の振り返りの評価
・生徒は主人公の姿を自らの生活や経験と関連付けて考えられていたか。
・他の生徒の意見を聞いて自らの考えを深めたり，意見を変えたりする姿が見られたか。
・今後，自分と相手，どちらの自由と権利も大切にしていきたいとの思いをもてていたか。

実践例

	学習活動	発問と予想される生徒の反応	指導上の留意点
導入	○ウォーミングアップ ・公共の場での秩序に意識を向けさせ,自らの経験をもとにイメージをもたせる	これまでに電車やバスの中で他の乗客の言動に不快な思いをしたことはありますか? ・バスの中の携帯電話,電車の座席に置かれたカバン	・自分たちの日常経験を思い出させ,各自の感じた問題意識をもとに,主題につなげていく
展開	①教材を読む ②問題を当事者の立場から考えさせる ・各自で考えた後,全体に向けて発表させ,板書で共有する	主人公はなぜ「もっと早く足を引っこめればよかったんです」と言ったのでしょうか? ・相手が大人だから ・相手が謝っているから合わせた ・あまり強く言うと相手が怒るかも ・こちらが下手に出れば,相手も反省してくれるかも。本気ではない	・全文を通読する ・自らを利用者の立場に置いて,自分だったらどう感じるか,という視点から考えさせる ・必要に応じ,主人公の発言が,状況からすると少し不自然なものであることにも目を向けさせる
展開	③問題を第三者の立場から考えさせる ・各自で考えた後,全体に向けて発表させ,板書で共有する	女性の様子を見ていた隣のおばさんは,どうして怒っているのでしょうか? ・女性のしたことがひどいから ・主人公は悪くないのに,本来は怒るべき相手に対して謝ってしまったから ・ちゃんと相手に言うべきことを言えなかったから	・主人公は被害者だが,主人公の行動にも問題があることに気付かせる ・教科書に書かれている意見だけでなく,それ以外の考えが(共感に基づく生徒自身の予想として)出るのを待つ
展開	④相手の立場に立ってさらに深く考えさせる ・自分の意見がまとまったら,隣の人とペアトークをさせる。その後,全体に向けて発表させ,板書で共有する	「すみませんでした」と言って,「混んでいる人をかき分けるように降りていった」女性は,どんなことを考えていたのでしょうか? ・大変なことをしてしまった ・クリーニング代を請求されるかも ・自分だけが悪いんじゃなくて,急ブレーキをかけた電車も悪いんだ ・相手の女の子に悪いことをした。怒っているだろうな	・女性が慌てて降りていったことに目を向けさせる ・女性への共感に基づく発言が出るまで,時間をかけて意見を発表させる
展開	⑤よりよい社会の在り方を考えさせる ・4人でグループトークを行い,意見を交換させる(意見はまとめない) ・その後,全体に向けて発表させ,板書で共有する	よりよい社会をつくっていくために心掛けなければいけないのは,どのようなことでしょうか? ・迷惑をかけられた場合には,相手を許してあげるのも大切 ・何でも無難にやり過ごすだけではだめだ ・言うべきことはちゃんと言わないといけない ・でも,相手の気持ちも考えて伝えないといけない ・自分が迷惑をかけた場合はきちんと謝ることが大切だ	・おばさんの怒りも分かるが,強く相手を責めるばかりでは問題が解決しないことにも目を向けた発言が出るのを待つ
終末	⑥この授業で気付いたこと,これからにどう生かすのかをまとめる	今日考えたことや気付いたことを「道徳ノート」にまとめてみましょう。 これからの自分の生活にどう生かすのかについても書きましょう。	・他の人の意見を聞いたことで,今までの自分を振り返り,自分の考えが変わったことがあれば,それに気付かせる ・これからの生活につなげるようにする

挙手・発言
自分の体験などから,主体的に考えている

挙手・発言
自分が主人公の立場に置かれていたらと想定し,真剣に考えている

挙手・発言
第三者の立場から,多面的・多角的に主人公を見つめ,主人公の問題点を理解できている

ペアトーク・発表
自分の意見を発表するとともに友達の意見を聞き,多面的・多角的に思考を深めている

グループトーク・発表
自分の意見を発表するとともに友達の意見を聞き,多面的・多角的に思考を深めている

道徳ノート
よりよい社会を作るためには,自分と他者とが法やきまりを大切にすると同時に,お互いを尊重し合うことが大切だと気付けている

振り返り
この時間で考えたことや気付いたことを,これからの自分の生活に生かそうとしている

C-10 遵法精神，公徳心

法やきまりの意義を理解し，それらを進んで守るとともに，そのよりよい在り方について考え，自他の権利を大切にし，義務を果たして，規律ある安定した社会の実現に努めること。

評価のためのキーワード
①法やきまりの意義の理解
②法やきまりを守りつつ，その在り方を考える姿勢
③自他の権利を尊重することの大切さの理解
④義務の遂行とよりよい社会の実現に向けた努力の姿勢

おばさんの言うこともももっともですが，相手の女性にも事情があったかもしれません。法律やきまりは大切ですが，単にそれらに従うだけではなく，意義や必要性を理解し，よりよい社会の実現を目指すことが大切ですね。

道徳ノートの評価文例

👍 主人公の立場に立って，相手の落ち度を指摘することの難しさをよく考えていますね。それでも言うべきことは言わなくてはいけないという考えは，とても大切なことだと思います。

👍 女性の立場に立ち，自らが引き起こした結果の重大さについてしっかりと想像していますね。確かにこの女性は謝ることなく電車を降りて行きましたが，きっと後悔していたのでしょう。自分がこの女性だったらどうするべきかを考えるその姿からは，社会のルールやマナーをしっかりと考えようとする姿勢が見られて素晴らしいです。

👍 気付いていたのなら，おばさんが直接女性に注意をすればいいというのは，確かにその通りですね。周囲にいる人が見て見ぬ振りをせず，問題がある人に注意をすべきというその考えは，社会の一員としてよりよい社会を生み出そうとする点で，とても大切なことだと思います。

💡 おばさんの意見の大切さを踏まえながらも，相手の女性にも事情があるかもしれないので怒るだけではよくないという考えは，他の人の事情にも配慮した素晴らしい意見ですね。この場面で主人公と女性がどのように振る舞うべきだったのか，授業の中で答えは出ませんでしたが，今後も引き続き考えてみてください。

💡 確かに，この電車の中が飲食禁止だったのかどうかは書かれていなかったため，この女性の行動がルール違反なのかどうか，よく分かりませんね。電車の中でのルールやマナーはどうあるべきかを考えて，また先生に教えてください。

通知表・指導要録等の評価文例

道徳の学習にあたって「自分だったら」と，主体的に問題を考えようとする姿勢が目立ちました。教材「缶コーヒー」を用いた授業では「道徳ノート」に「主人公も，言わなきゃいけないという思いはあったけど，相手が大人だから言えなかったんだと思う」と書くなど，自分を主人公の立場に置いてしっかり考える姿勢が見られました。

積極的に自らの考えを発表し，他の生徒からの理解や共感を引き出そうとする姿勢は，クラス全体に刺激を与えてくれました。特に教材「缶コーヒー」を使った学習では，「悪いのは主人公だけではない」「周囲の人々も声をかけるべきだった」との考えを提案してくれたことで，クラス内の議論の流れが大きく変わりました。

公共の場での振る舞いに気を付けようとする姿勢がよく見られます。教材「缶コーヒー」を用いた学習では，缶コーヒーをこぼした女性の問題点や，きちんと抗議できなかった主人公の振る舞いの問題点に目を向け，公共の場ではそれぞれがどのようなことに気を付けなくてはいけないのかを真剣に考える姿が特に目立ちました。

他の人の意見をしっかりと聞き，自らの考えを深めようとする姿勢が目立ちました。特に教材「缶コーヒー」を用いた学習では，「道徳ノート」に「最初は女性の悪い点しか見えなかったけど，他の人の意見を聞いて，この女性にも事情があったのかもしれないと思うようになった」と書くなど，他の人の意見を大切にする姿が見られました。

最初は自らの意見を発表することにためらいを感じていたようですが，最近は毎回の授業で必ず一度は発言するなど，1年間を通して大きく成長したように思われます。教材「缶コーヒー」を用いた学習でも，コーヒーをこぼしてしまった女性の問題点をしっかりと伝えようとするなど，主体的な参加が見られました。

いつも物事を少し違う角度から捉え，クラス全体の見方を揺さぶってくれます。教材「缶コーヒー」の学習では，「そもそも電車の中でコーヒーがこぼれた時に誰が責任を取るかというルールがないのがおかしい」との発言をし，主人公と女性のどちらが悪いのかというクラスの議論を多面的・多角的なものに転換させてくれました。

対象学年 **中学1年生**

内容項目：C-11 公正，公平，社会正義

主題

11 クラスの生活をよくするために

教材 **席替え**

授業のねらい

　社会正義は社会集団の中で誰とも公平に接し，公正さを重んじることによって達成できるものである。また，公正とは誰をも他の者に優先したり，後回しにしないことで，いかなる個人的な好悪の情にも影響されず，すべての者に同じように，公平に接することである。

　中学1年生の頃は，自己中心的な考え方や偏った見方をしてしまい，他者に対して不公平な態度をとる場合がある。そのため，不正な行動等が起きても，勇気を出して止めることに消極的になってしまうことがある。そうした自分の弱さに向き合い，自分の意志を強くもち，正義と公正を実現するために力を合わせて努力することが大切である。

　本教材は，席替えで決まりを破って勝手に席を替えてしまうことに憤りを感じた主人公が，迷った末にクラスのために席替えのやり直しを提案する話である。みんなの都合が結局は個人の都合で全体の幸せになっていないことを捉えさせたい。また，主人公の「私」の行動を通し，道理にかなって正しいことを自ら認識し，それに基づいて適切な行為を主体的に判断し，実践しようとする意欲や態度を培いたい。

授業づくりのポイント

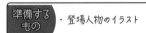
準備するもの ・登場人物のイラスト

　中心発問では簡単にペア等の話し合いをもち，全体で意見を発表させる。その後，問返し発問を入れてグループでの話し合いをもつ。その際，個々の意見に対する問返しは指摘するだけに留め，一通り意見が出たらまとめて全体に問い，その後グループでの話し合いに入る。

本教材の評価のポイント

①生徒の学習に関わる自己評価

・主人公の「私」の考え方に共感することができたか。自分のこととして考えていたか。

・他の人の意見を聞き，自分の考えとの違いや考えの深さの違いを知ることができたか。

②教師のための授業の振り返りの評価

・生徒に正義（公正，公平）についてしっかり考えさせることができたか。

・生徒に主人公の「私」に共感させ，生徒自身のこととして考えさせることができたか。

・正義について生徒の意見交流をしっかり促せる発問（問返しを含む）ができたか。

実践例

	学習活動	発問と予想される生徒の反応	指導上の留意点
導入	○ウォーミングアップ ・自分たちのクラスのことを思い浮かべる	クラスの席替えはどのように行っていますか？ ・抽選，くじ引き，グループ会議	・自由に言わせる ・軽く扱う（時間をかけない）
展開	①教材を読む ②教材を読み，考える ・登場人物のイラストで内容を整理させる （内容理解）主人公の迷いの理由を考える	私は何で言おうかどうか迷ったのでしょう？ ・言えば，反感を買い仲間はずれにされるかもしれない	・全文を通読する ・内容確認は説明だけでも可 ・決まりを破って勝手に席を替えてしまうことに憤りを感じた主人公が迷いもあったが，クラスのために席替えのやり直しを提案する話
	③主人公の私が提案を決めた理由を考える	「私」が席替えのやり直しを提案したのはなぜでしょうか？ ・勝手に席を替えるのは不公平だから ・勝手に替わった人のせいで不愉快な思いをした人がいるから ・嫌な思いをした人たちの声を代弁した ・好きな友達とばかりだと席替えの意味がない，席替えはいろいろな人と理解し合い仲良くするためにあるから	・席替えのやり直しを提案した理由を捉えさせる ※問返しは生徒の答えによって入れる （→何で不公平なの？） （→不愉快な思いをした人も好きな友達の近くに替わればいいのでは？） （→理解し合い仲良くするのは他の行事でもできるのでは？）
	④さらに深く考える ・4人でグループトークを行う ・4人の意見はまとめず，意見を交換し，発表して全体で共有する	席を替わってもみんなの都合がよければいいのでは？ ・全員の都合のよい席替えは不可能でできない ・みんなの都合といっても結局は一部の人の都合でしかない ・みんなの都合がよいのは公平かもしれないけど，ルールを無視しては公正ではない ・みんなが平等（公平）になるため	・みんなの都合が結局は個人の都合で全体の幸せになっていないことを捉えさせる ・みんなの都合と席替え（ルール）の意味を考えさせる （→ルールよりみんなの都合がよい方が大事では？） （→ルールは何のためにあるの？）
	・数人に発表させる	このクラスには何が必要なのでしょうか？理由を添えて。 ・平等な席替えをするために，席替えのルールが何のためにあるのかの話し合い ・みんなが嫌な思いをしないために，クラス全員の納得する方法を考える ・集団生活では自分のことよりみんなのことを考えることが大事 ・一部の人が嫌な思いをしていることをみんなで考える ・クラス全員が楽しく過ごすためのルールがあることを確認し，誰かが嫌な思いをしているときは勇気を出して言うことが大事	・クラスの生活をよくするために必要なことを考えさせる ・クラスに公正，公平がなぜ必要なのかを考えさせる
終末	⑤この授業で気付いたこと，これからの自分の生活にどう生かすのかをまとめる	今日考えたことや気付いたことを「道徳ノート」や感想用紙（ワークシート）にまとめてみましょう。 これからの自分の生活にどう生かすのかについても書きましょう。	・他の人の意見を聞いたことで，今までの自分を振り返り，自分の考えが変わったことがあれば，それに気付かせる ・これからの生活につなげるようにする

挙手・発言
自分の体験を想起していたか。自分との関わりで考えていたか

挙手・発言
主人公の気持ちに寄り添って，自分のこととして考えているか

グループ・発表
友達の意見をよく聞いて，発表しているか

挙手・発言
正義を重んじ誰に対しても公平に接することの大切さに気付いているか

道徳ノート
正義を重んじ，正しい行動を取ることの難しさや大切さの記述があるか

振り返り
この時間で考えたことや気付いたことを，これからの自分の生活に生かそうとしているか

C-11 公正, 公平, 社会正義

正義と公正さを重んじ, 誰に対しても公平に接し, 差別や偏見のない社会の実現に努めること。

評価のためのキーワード

①誰をもその集団の中で優先しない, 後回しにしない
②個人的な好悪の情に影響されない
③すべての者と同じように公平に接する
④公正さを自ら正しいと認識し判断し実践する

正義を行うとは, 道理にかなって正しいこと, つまり公正さを自ら認識し, それに基づいて適切な行為を主体的に判断し, 実践することです。自分の好き嫌いに流されず, 誰に対しても同じように公平に接する態度が大事ですね。

道徳ノートの評価文例

👍 自分のことよりもクラス全体のことを考えることが, 本当は自分の行動の正しさ, 公平さを実現することでもあり, そのことに基づいて行動することの大切さに気付いています。それはとても大事なことですね。

👍 誰も優先しない, 誰も後回しにしない, 誰とも同じように接する。そのことが実はクラス全体のことを考え, クラスメイト一人ひとりを大事にすることの大切さに気付いています。それはとても素敵なことです。

📣 誰とも公正, 公平に接することがとても大事なことで, みんなの都合が結局は個人の都合にすぎないことを考えていました。そのために社会正義を自分のこととして捉え, 実践しようとする気持ちをこれからも大事にしてください。

📣 何が正しくて, 何が違うのか。自分の都合だけを考えるのか, クラス全体の幸福を考えるのか。とても大事な視点です。少数のわがままがクラス全体に迷惑をかけていることに気付いています。これからもその考えをもち続けてください。

通知表・指導要録等の評価文例

学期当初は単に教材の感想中心の振り返りが、だんだん道徳的価値に触れるようになってきました。教材「席替え」の授業では、みんなの都合が結局は個人の都合で、クラス全体にとって悪影響を与えていることであり、誰に対しても同じように公正、公平に接することの大切さに気付いていました。

自分の考えをよく発言していましたが、学期後半では友達の考えとの違いや共通することまで意識して意見を述べていました。教材「席替え」の授業では、正義とは自分が正しいと思っていることを勇気をもって実践すること、そのことの大切さに気付く一方で、それができない弱さをもつのも人間であることに気付いていました。

学期当初は教材の主人公の気持ちをよく考えていましたが、少しずつ主人公に自分を重ね主人公に共感する発言が増えてきました。「席替え」を扱った授業では、主人公の「私」になり切り、何が公正で公平か、主人公の憤りを自分のこととして考え、「私」が今行動することがクラス全体のために本当に必要であると考えていました。

授業を重ねるたびに、友達の考えを聞くことの大切さに気付くようになってきました。教材「席替え」の授業では、友達の発言の「個人より全体のことを考えるべき」に対し、「個人のことも大事、でも全体の幸せを考えることはもっと大事」との発言をして、社会正義についてしっかり考えていました。

授業を重ねるたびに、友達の考えをよく聞き、同じ道徳的価値にもいろいろな考えがあることに気付いていました。教材「席替え」の授業では、誰も優先しない、誰も後回しにしない、誰とも同じように接する。そのことがクラス全体にとって一番大切で、クラス全体の幸せにつながり、社会にとってとても重要であると考えていました。

対象学年
中学1年生

内容項目：C−12 社会参画，公共の精神

主題
12 公共の精神とは

教材 本が泣いています

▶授業のねらい

　個人が社会の中で安心・安全によりよく生活するためには，人任せにするのではなく，各自が主体的によりよい社会の形成に参画し，社会を共に構成する他の人々と協力しながら，社会的な役割と責任を担っていくことが重要になる。本教材では，一部の身勝手な利用者のために，利用者にとっても図書館の職員にとっても不便で不本意な状況が生まれているという社会問題が描かれている。この状況において，生徒にはまず，利用者としての立場に身を置いて問題点を理解させた上で，そうした不便な状況を生み出す対策を図書館の職員がどのような思いで実施したのかを考えさせることで，利用者と職員とが対立するものではなく，同じ思いや目標を共有していることに気付かせることが可能となる。そしてその上で，もとの便利で快適な図書館を取り戻すため，図書館の職員に任せるばかりでなく，利用者一人ひとりが行うことのできる対策がないかどうかを検討し，主体的な参画の意識と責任感を育みたい。

▶授業づくりのポイント

　本教材を扱う際には公共のマナーについて，各自が既に知っている知識を想起させるため，通学路での問題事例など，多くの生徒が共通して見聞きしている事例を挙げてもよい。また，ペアやグループで意見交換を行う際には，相互に「なぜそう考えるのか」を尋ね合わせたい。自らの意見とは違う他者の意見に気付かせ，多面的・多角的な思考を促すことが可能となる。

▶本教材の評価のポイント

①**生徒の学習に関わる自己評価**
  ・利用者側の立場に立ち，身勝手な利用者によって生まれた問題の大きさに気付けているか。
  ・図書館職員の立場や考えに思いをめぐらせた上で，もとの便利で快適な図書館を取り戻すために，利用者一人ひとりが行うことのできる行動を主体的に考えられたか。

②**教師のための授業の振り返りの評価**
  ・生徒は公共のマナーの問題を自らの生活や経験と関連付けて考えられていたか。
  ・他の生徒の意見を聞いて自らの考えを深めたり，意見を変えたりする姿が見られたか。
  ・よりよい社会の形成に向けて自ら可能なことを探していきたいとの思いをもてていたか。

実践例

		学習活動	発問と予想される生徒の反応	指導上の留意点
導入		○ウォーミングアップ ・「公共」という言葉に意識を向け、知っている知識を思い出させる	公共のマナーには、どんなことがあるでしょう？ ・電車に乗る際に並ぶ、ゴミを捨てない、自転車を道端に停めない	・教材のタイトルは出さずに、自分たちの日常経験を思い出させ、主題につなげていく ・通学路での問題事例など、多くの生徒が共通して見聞きしている事例を挙げてもよい
展開		①教材を読む ②問題を当事者の立場から考えさせる ・各自で考えた後、全体に向けて発表させ、板書で共有する	利用者たちは、本を守るための対策について、どのように感じたでしょうか？ ・本を守るためには仕方ない ・不便になって困る ・自分たちが疑われているみたいで、いい気持ちはしない ・一部の利用者のせいで迷惑だ	・全文を通読する ・自らを利用者の立場に置いて、自分だったらどう感じるか、という視点から考えさせる ・本を守るための対策には仕方ない側面もあるが、利用者たちにとっても不愉快で、不便をもたらすものだとの意見が出るのを待つ
		③問題を当事者以外の立場から考えさせる ・自分の意見がまとまったら、隣の人とペアトークをさせる。その後、全体に向けて発表させ、板書で共有する	岩井さんたち職員は、本を守るための対策を講じた際、どのようなことを考えていたでしょうか？ ・悪質な利用者は捕まえないと ・本を守るためには仕方ない ・利用者を疑わなくてはいけないのが悲しい ・利用者に不便をかけて申し訳ない	・本を守るための厳しい対策は決して職員の本意ではない、との意見が出るまで待つ
		④さらに深く考えさせる ・4人でグループトークを行い、利用者にできる対策を考える ・4人の意見はまとめず、意見を交換させた後、全体に向けて発表させ、板書で共有する	もう一度、もとの便利で快適な図書館に戻すため、利用者にできることはないでしょうか？ ・怪しい行為をしている人を見たら職員さんに知らせる ・放置された本を見つけたら、自分の置いた本でなくとも元の場所に戻す ・借りた本は丁寧に扱う ・利用者が皆の図書館だと思うようになるとよい	・意見が出たら、なぜそのように考えたのか、理由を尋ね、理由も板書する
終末		⑤この授業で気付いたこと、これからの自分の生活にどう生かすのかをまとめる	今日考えたことや気付いたことを「道徳ノート」にまとめてみましょう。 これからの自分の生活にどう生かすのかについても書きましょう。	・他の人の意見を聞いたことで、今までの自分を振り返り、自分の考えが変わったことがあれば、それに気付かせる ・これからの生活につなげるようにする

挙手・発言
自分の体験やニュースなどから、主体的に考えている

挙手・発言
自らに無関係な問題としてではなく、自分を利用者の立場に置いて、真剣に考えている

ペアトーク・発表
自分の意見を発表するとともに友達の意見を聞き、多面的・多角的に思考を深めている

グループトーク・発表
自分の意見を発表するとともに友達の意見を聞き、多面的・多角的に思考を深めている

道徳ノート
よりよい社会の形成を人任せにするのではなく、自らにできることを探すことが大切だと理解している

振り返り
この時間で考えたことや気付いたことを、これからの自分の生活に生かそうとしている

C-12 社会参加，公共の精神

社会参画の意識と社会連帯の自覚を高め，公共の精神をもってよりよい社会の実現に努めること。

評価のためのキーワード
① 社会の問題に関心をもち自ら関わることの意義の理解
② よりよい社会を構想しようとする姿勢
③ 他の人々との協力の重要性の理解
④ 自ら社会的な役割と責任を担おうとする姿勢

図書館の不便な状況に，職員さんたちも決して納得しているわけではないようですね。本を守りながらも，もとの便利で快適な図書館を取り戻すためには，利用者一人ひとりの取り組みが不可欠なのかもしれません。

道徳ノートの評価文例

👍 利用者の立場に立って，身勝手な利用者による影響の大きさについてよく考えていますね。悪いことをしていなければ，所持品検査をされても困らないはずだし，不正が明らかになった場合には厳しい罰を与えるべきという考えも，確かに一理ありますね。

👍 本を守るためには厳しい措置も仕方ないが，できるならば自由に本や雑誌を手に取れるようにしたいという図書館職員の悩みに共感し，利用者としてできることを真剣に考えようとする姿勢はとても重要だと思います。

👍 身勝手な利用者の立場を想像し，身勝手な利用者を減らすための提案を行っていますが，いずれも積極的な提案で素晴らしいですね。単に身勝手な利用者を批判するだけでなく，状況を変えるための対策や提案を探ろうとする姿勢はとても大切だと思います。

📣 「図書館職員さんがこんなに困っていたことを初めて知った」「もっとニュースでも取り上げるべき」という感想からは，社会の問題に関心をもち，その問題を社会全体で考えるべきだという意識や正義感が感じられました。今後，他の社会問題についても調べてみてください。

📣 放置された本を見つけたのなら，自分の置いた本でなくとも元の場所に戻すべきという意見からは，利用者の一員として自らに果たせることを果たそうとする姿勢が感じられました。社会の一員として社会や公共の問題に関して私たちができることには何があるのか，思い付いたことがあれば，また先生に教えてください。

通知表・指導要録等の評価文例

社会や学校の問題に関心をもち,自らのこととして捉えようとする姿勢が見られます。教材「本が泣いています」を用いた学習では,学校の図書室の本にも長い間返却されないままの本があることを指摘し,教材の中で取り上げられた話は決して他人事ではないことを訴えるなど,社会の問題を真剣に考える姿が特に目立ちました。

普段から社会のあるべき姿について真剣に考えており,教材「本が泣いています」を用いた学習でも,「犯人捜しの方法よりも,どうすれば本の傷つけや無断持ち出しをなくせるのかを考えないといけない」と発言し,クラスの生徒の意識を前向きな方向に転換させてくれました。

道徳の学習にあたって「自分だったら」と,主体的に問題を考えようとする姿勢が目立ちました。教材「本が泣いています」を用いた授業では,「道徳ノート」に「大切にしている本が傷つけられたり盗まれたりした職員さんたちはとてもつらいと思う」と書くなど,自分を登場人物の立場に置いてしっかり考える姿勢が見られました。

いつも自らの考えを堂々と発表し,他の生徒にも訴えかけることで,クラスの全体が刺激を受けました。特に教材「本が泣いています」を使った学習では,「図書館の職員さん任せではダメだ」「利用者自身が自分たちで本を守らないといけない」との考えを提案してくれたことで,クラス内の議論の流れが大きく変わりました。

当初は自分とは異なる意見を否定しがちでしたが,最近は意見の異なる生徒の意見についても肯定的な形で取り上げるなど,他の人の意見のよさも認められるようになっています。教材「本が泣いています」の学習でも,「管理強化に反対派の人の意見も分かりますが」と発言するなど,物事を多面的に捉えられるようになりました。

他の人の意見を取り入れ,自らの考えを深めようとする姿勢が目立ちました。教材「本が泣いています」の学習でも,「道徳ノート」に「最初はもっと職員さんが頑張ればいいのにと思ったが,他の人の意見を聞いて,人任せではなく利用者自身も何かしないといけないと感じた」と書くなど,他の人の意見を真剣に受け止めていました。

71

対象学年 中学2年生

内容項目：C－13 勤労

主題
13 働くのは何のためか

教材 震災の中で

▶ 授業のねらい

　働くことには，自分や家族の幸福を実現するという目的に加え，社会の中で一定の役割を果たし，他人の役に立つ（社会を支える）という目的が存在する。そして，どちらの目的のためであったとしても，自らの能力や個性を生かして自らの理想を実現することが可能な場合には，働くことが自分自身の喜びにもつながることになる。

　この教材を用いた学習では，生徒に問題を自らと無関係なものとして捉えさせるのではなく，自分自身をボランティアの立場に置いて考えさせることで，真剣な思考を生み出したい。その際，まずは最初に苦情や文句を言われた際の作者やボランティアの人たちの気持ちを想像させることで，「腹が立つ」とか「もうボランティアを続けたくない」といった気持ちに共感させることが重要である。その後，それにもかかわらず彼らがボランティアをやめようとしない理由を考えさせることで，働くことが自分のためだけでなく他人（社会）の役に立つものでもあること，そしてそのことが自らの喜びにもつながるものであることに目を向けさせたい。

▶ 授業づくりのポイント

　ペアやグループで意見交換を行う際には，相互に「なぜそう考えるのか」を尋ね合わせたい。自らの意見とは違う他者の意見に気付かせ，多面的・多角的な思考を促すことが可能となる。

▶ 本教材の評価のポイント

①生徒の学習に関わる自己評価

・働くことが，自分や家族のためだけでなく，他人や社会にも役立つものであることを理解できているか。

・自らの力を他人や社会に役立てることが，自らにどのような喜びをもたらすのかを主体的に考えられたか。

②教師のための授業の振り返りの評価

・生徒はボランティアや働くことの意義を自らの生活や経験と関連付けて考えられていたか。

・他の生徒の意見を聞いて自らの考えを深めたり，意見を変えたりする姿が見られたか。

・今後，自分と他人の双方のよりよい暮らしのために貢献したいとの思いをもてていたか。

実践例

	学習活動	発問と予想される生徒の反応	指導上の留意点
導入	○ウォーミングアップ ・「ボランティア」という言葉に意識を向けさせ、自らの経験をもとにイメージを持たせる	これまでにボランティアに取り組んだことのある人はいますか？ それはどんな活動ですか？ ・学校での募金活動、お年寄りのための活動、自然災害の被害者に対しての活動	・教材のタイトルは出さずに、自分たちの日常経験を思い出させ、主題につなげていく
展開	①教材を読む ②問題を当事者の立場から考えさせる ・各自で考えた後、全体に向けて発表させ、板書で共有する	人々から苦情や文句を言われた際、「私」やボランティアの人たちはどう感じましたか？ ・ひどい ・腹が立つ ・でも放ってはおけない ・助けてもらっているのに、わがままだ ・嫌なら自分のことは自分ですればいい	・全文を通読する ・自らを当事者の立場に置いて、自分だったらどう感じるか、という視点から考えさせる ・教科書に書かれている意見だけでなく、それ以外の考えが（共感に基づく生徒自身の予想として）出るのを待つ
展開	③ボランティアに取り組む人たちの動機をより深く考える ・自分の意見がまとまったら、隣の人とペアトークをさせる。その後、全体に向けて発表させ、板書で共有する	それでもなぜ、ボランティアの人たちは他の人々のためにボランティアを続けるのでしょうか？ ・お礼を言われるとうれしいから ・笑顔を見ると元気になれるから ・腹の立つ人もいるけど、多くの人は感謝してくれている ・自分がやらないと困ってしまう人がいる ・いつか自分にも返ってくるかもしれない	・ボランティアをやめてもおかしくないような状況であるにもかかわらず、そうなっていないことの意外さを出発点に、その理由を考えさせる ・正解が存在するわけではないため、他者のために働くことの意義につながる意見がいくつか出ればそれでよい
展開	④さらに深く考えさせる ・4人でグループトークを行い、利用者にできる対策を考える ・4人の意見はまとめず、意見を交換させた後、全体に向けて発表させ、板書で共有する	「私」が感じた「みんなのために働くことのすばらしさ」とはどのようなものでしょうか？ ・心から喜んでくれる人がいる ・こちらが頑張っていれば、相手も自分にできることをしてくれる ・腹の立つ人もいるけど、やってよかったと思えることの方が多い ・何か充実した感じで自分に少し自信がもてるように思う	・自分の言葉で考えを言えていれば、それでよい ・どれか一つの考えを取り上げて正解として扱うようなことはしない
終末	⑤この授業で気付いたこと、これからの自分の生活にどう生かすのかをまとめる	今日考えたことや気付いたことを「道徳ノート」にまとめてみましょう。 これからの自分の生活にどう生かすのかについても書きましょう。	・他の人の意見を聞いたことで、今までの自分を振り返り、自分の考えが変わったことがあれば、それに気付かせる ・これからの自分の生活につなげるようにする

挙手・発言
自分の体験やニュースなどから、主体的に考えている

挙手・発言
自らに無関係な問題としてではなく、自分をボランティアを行う側の立場に置いて、真剣に考えている

ペアトーク・発表
自分の意見を発表するとともに友達の意見を聞き、多面的・多角的に思考を深めている

グループトーク・発表
自分の意見を発表するとともに友達の意見を聞き、多面的・多角的に思考を深めている

道徳ノート
働くことが、自分のためだけでも、他人のためだけでもなく、お互いのための（双方のよりよい暮らしの実現につながる）ものであることに気付けている

振り返り
この時間で考えたことや気付いたことを、これからの自分の生活に生かそうとしている

C-13 勤労

勤労の尊さや意義を理解し，将来の生き方について考えを深め，勤労を通じて社会に貢献すること。

評価のためのキーワード
①勤労の尊さや意義の理解
②自らの生き方とも関連付けた主体的な思索の姿勢
③勤労を通じて他者や社会のために貢献することの尊さや意義の理解
④自らに可能な社会貢献の在り方を探ろうとする姿勢

ボランティアの人たちも腹は立ったと思いますが，他人や社会のために自分にできることをすることは，自分のためだけでも，他人のためだけでもなく，お互いの幸せやよりよい暮らしを実現するために大切なことですね。

道徳ノートの評価文例

👍 主人公の立場に立って，苦情や文句を言われた際の作者やボランティアの人たちの気持ちをしっかりと想像できていますね。それでも困っている人のために働こうとする姿勢は，とても素晴らしいことだと思います。

👍 苦情や文句を言う人たちの視点に立ち，つい苦情や文句を言ってしまう心境を単に否定するのではなく，その立場に共感しようとする姿勢は大切なことだと思います。確かに，そういった心境を無視したり批判したりすると，本来のボランティア活動はできないのかもしれませんね。

👍 ボランティアは単に困っている人々にだけでなく，ボランティアをする人の側にも幸せな気持ちをもたらすという考えは，とても重要な視点ですね。私たちが他の人に何かを行う際，相手に感謝されることで，逆に私たちもやる気や勇気をもらっているのかもしれません。

📢 「学生なのに，自分にできるボランティアを行おうとする主人公はすごい」という意見はその通りですね。でも，他の人や社会のために働くことの大切さやすごさに気付けているあなたのことも，先生はすごいと思います。今は焦らず，自分にできることを何か探して取り組んでみてください。

📢 ボランティア活動の大切さは分かっていても，このように苦情や文句を言われるとボランティアをやめたくなるという思いは，先生もよく分かります。授業の中で出された考えをもとに，ボランティアの人たちがなぜボランティアを続けられるのかを，引き続き考えてみてください。

通知表・指導要録等の評価文例

普段から人のために頑張ろうとする姿勢がよく見られます。教材「震災の中で」を用いた学習でも、「道徳ノート」に「自分は○○が得意なので、○○でだったら他の人の役に立てそうです」と書くなど、自らにできることを真剣に考え、他の人のために一生懸命行おうとする姿が見られました。

道徳の学習にあたって「自分だったら」と、主体的に問題を考えようとする姿勢が目立ちました。教材「震災の中で」を用いた授業では、「道徳ノート」に「自分が主人公だったら、苦情や文句を言う人のためにここまで頑張れるかどうか分からない」と書くなど、自分を主人公の立場に置いてしっかり考える姿勢が見られました。

他の人の意見をしっかりと聞き、自らの考えを深めようとする姿勢が目立ちました。特に教材「震災の中で」を用いた学習では、「道徳ノート」に「最初はボランティアを行う人のことが理解できなかったけど、他の人の意見を聞いて、自分のためにもなるんだと思うようになった」と書くなど、他の人の意見を大切にする姿が見られました。

最初は人前で意見を発表することに苦手意識を感じていたようですが、最近は班での活動を中心に自らの意見をしっかり伝えられるようになり、1年間を通して大きく成長しました。教材「震災の中で」を用いた学習でも、おばあさんの気持ちを想像して同じ班のメンバーに伝えるなど、主体的な参加が見られました。

積極的に自らの考えを発表し、他の生徒から理解や共感を得ようとする姿勢は、クラス全体に刺激を与えてくれました。特に教材「震災の中で」を使った学習では、「腹は立つけど、自分がボランティアをしないと困ってしまう人がいるからやめられない」との考えを提案し、クラス内の議論の流れを大きく変えてくれました。

いつも物事を少し違う角度から捉え、クラス全体の見方を揺さぶってくれます。教材「震災の中で」を用いた学習では、「ボランティアは確かに自己満足だけど、他の人の役に立つ自己満足なんだから、否定しなくてもいい」との発言をし、「自己満足はダメ」というクラスの議論を多面的・多角的なものに転換させてくれました。

対象学年
中学2年生

内容項目：C-14 家族愛，家庭生活の充実

主題
14 家族愛，家族との絆

教材 ごめんね，おばあちゃん

授業のねらい

　中学校2年生になると，家族の愛情を素直に受け入れたり，愛情を伝えたりすることに抵抗を感じる生徒が多くなる。家族について取り上げている本教材では，特に，父が「ぼく」や「妹」に対して怒りをぶつける場面で，家族それぞれの祖母に対する思いを強く感じることができる。本授業ではこの場面で家族それぞれの気持ちにより添い，現在の祖母だけでなく，過去や未来の祖母との関係にも目を向けさせ，家族とのつながりについて多面的に捉えて考えさせたい。その上で，主発問では，家族みんなの笑顔のために「ぼく」にできることは何かを考えさせる。ここで提案される意見にはさまざまな見方があるはずである。それらを生徒から引き出し，生徒の発言を中心に授業を展開して深く考えさせることで，ねらいに近付きたい。

　さらに，一歩進んで本授業の道徳的価値の本質に迫るために，提案された意見の根底に共通してあるものは何かを問い掛け，キーワード化していく。それらの言葉からは家族の絆を支えるものが見えてくるだろう。このような過程を経て，かけがえのない家族と，温かい愛情によって互いに深い絆を結ぼうとする態度を育てたい。

授業づくりのポイント

　父が怒った場面での家族の気持ちを丁寧に考えることで，主発問が効果的なものになる。また，主発問で提案された意見について賛否を問い，理由も明らかにしていくことで問題を多面的に捉えさせたい。「ぼく」を「自分」に置き換えて考えさせ自分との関わりも感じさせたい。

本教材の評価のポイント

①生徒の学習に関わる自己評価
　・家族と温かい心でつながることの大切さを感じていたか。
　・家族に思いやりをもって接し，温かい絆を結びたいと思ったか。

②教師のための授業の振り返りの評価
　・家族の大切さに気付き，思いやりや尊敬をもって接しようとする意欲が高まっていたか。
　・友達の発言や自分の体験から多面的に家族との関わりについて捉え，深く考えていたか。
　・家族と温かい愛情でつながるために必要なものは何か，具体的に考えていたか。

実践例

		学習活動	発問と予想される生徒の反応	指導上の留意点
導入		○ウォーミングアップ ・祖父母やお年寄りに対する気持ちに目を向ける	あなたにとって、おじいさんやおばあさんは、どんな存在ですか？ ・話が伝わらない、煩わしい、世話がやける、つい怒ってしまう、優しくしてくれる、応援してくれる	・祖父母との関係やお年寄りと関わった経験を想起させて、ねらいに方向づける
展開		①教材を読む ②登場人物の気持ちを考える	父が怒ったとき、家族はどんな気持ちだったのでしょうか？ ・父は母親である祖母をかわいそうだと思っている ・祖母は何が悪かったのか分からず、悲しい ・「ぼく」は怒っているけど、祖母が気になっている ・「ぼく」はこれからおばあちゃんにどのような気持ちで接したらよいのだろう	・教師が範読する ・登場人物がなぜそのような気持ちだと思うのか、「理由」も明らかにしていく
		・解決する問題を確認する ③問題の解決策を考える ・自分の考えをシートに書いた後、グループ内で話し合い、よりよい解決策を検討して全体に提案する ・提案された意見について、全体で話し合う	家族みんなが笑顔で過ごすために、「ぼく」にできることは何でしょうか？ ・祖母が分かるように説明する 　― すぐ忘れる 　― 分からないからかえってかわいそう ・簡単な手伝いだけやってもらう 　― 祖母も喜ぶ 　― 手伝えることはあまりない ・施設にお世話になるよう、説得する 　― 父がかわいそう 　― 会えなくなるのでさびしい 　― 祖母は家にいたい	・グループから提案された意見について全体で話し合うことで、多面的に問題を捉え多角的に考えることができるようにする ・発言の内容について、理由を問い返すことで、ねらいに近づける ・途中から、あるいは時々「ぼく」を「自分」に置き換えて問い掛け、問題を自分事として捉えることができるようにする
		④さらに深く考えさせる ・主発問で提案された意見から、キーワードを考える	家族みんなの笑顔のために、大切なことは何でしょう？ ・優しさ、思いやり ・感謝、広い心 ・尊敬 ・許し合う気持ち ・思いを伝える	・主発問で話し合った内容から、家族が笑顔になるために何が必要かキーワード化して考えることで、ねらいとする道徳的価値に迫る
終末		⑤授業で気付いたことや考えたことをまとめる	今日考えたことや気付いたことを「道徳ノート」にまとめてみましょう。	・家族との関わりについて、気付いたことや変化した思いに注目させる ・これからの自分の生き方に生かしたいという意欲をもたせる

【挙手・発言】
登場人物の気持ちになって、さまざまな立場から家族の関係について考えている

【挙手・発言】
提案された意見を比較・検討し、温かい家族の関係について深く考えている

【挙手・発言】
登場人物を自分に置き換えて、問題について具体的に考えようとしている

【挙手・発言】
温かい家族の関係を支えるものは何か、話し合いの中から導き出そうとしている

【道徳ノート】
思いやりをもって家族と深い絆を結ぶことの大切さに気付き、これからの自分の生き方に生かそうとしている

C-14 家族愛，家庭生活の充実

父母，祖父母を敬愛し，家族の一員としての自覚をもって充実した家庭生活を築くこと。

評価のためのキーワード
①広い心で家族を大切にする
②家族への感謝や思いやりの気持ちをもつ
③家族みんなの幸せを願う
④家族と温かい愛情でつながる

自分が幼い頃の祖母や，家族の祖母への気持ちにも目を向けさせることが大切です。感謝や尊敬の気持ちをもって，家族と温かい絆でつながろうとする意欲を養いたいですね。

道徳ノートの評価文例

👍 おばあちゃんが，これまで自分を支えてくれていたことを思い出したのですね。今のおばあちゃんは，失敗することが多いかもしれないけれど，感謝や思いやり，広い心で接して一緒に笑顔になりたいですね。

👍 相手を大切に思うのなら，言葉や態度に表した方がよいと思ったのですね。感謝の気持ちや優しさが伝わったら，おばあちゃんもうれしいだろうなあ。広い心や優しい気持ちで，家族がみんな笑顔でつながるといいですね。

📢 自分でも口調がきつくなってしまうことがあったのですね。お父さんの気持ちを考えることで，おばあちゃんへの感謝の気持ちを思い出しましたね。その気持ちが伝わったら，みんな一緒に笑顔になれるかもしれませんよ。

📢 おばあちゃんに面倒を見てもらうのが当たり前だったから，今のおばあちゃんをなかなか受け入れられないのだろうと思ったのですね。おばあちゃんに感謝しつつ，これからは広い心で面倒を見てあげる番なのかな。

通知表・指導要録等の評価文例

授業の内容を自分の生活に照らし合わせて，問題について具体的に考える様子が見られました。教材「ごめんね，おばあちゃん」では，自分も祖母に対して主人公と同じような気持ちを感じることがあると気が付き，思いやりや広い心をもって家族と接したいという思いが高まりました。

道徳の授業では，友達の意見を聞いて，納得したり疑問をもったりする姿が見られました。教材「ごめんね，おばあちゃん」の学習では，家族との関わり方について友達の意見を聞く中で，もっと思いやりをもって家族に接し，温かいつながりを大切にしたいという気持ちが強くなりました。

道徳の授業では，過去や未来の状況にも思いをめぐらせて自分の考えを発表する姿が見られました。教材「ごめんね，おばあちゃん」の学習では，年老いた祖母を思いやるだけでなく，元気だった祖母を思い出して感謝することの大切さに気付き，自分の気持ちを伝えていきたいと考えるようになりました。

登場人物の気持ちを，できるだけくわしく想像して，テーマについて考えようとする姿が見られました。教材「ごめんね，おばあちゃん」の学習では，自分の言葉や態度が，家族を悲しませたり温かい気持ちにしたりすることに気付き，思いやりや広い心をもって家族に接したいと思う気持ちが強くなりました。

問題を自分のこととして捉え，自分自身について深く考えようとする姿が見られました。教材「ごめんね，おばあちゃん」の学習では，一時の感情にまかせた言動が家族の心を傷つけ，自分にも強い後悔が生じると気付いて，家族も自分も大切にするために，思いやりや感謝をもって家族に接したいと考えるようになりました。

道徳の授業では，積極的に話し合って，いろいろな視点から考えようとする姿が見られました。教材「ごめんね，おばあちゃん」の学習では，自分の経験を積極的に発表して，意見交換することで，思いやりや尊敬，感謝の気持ちをもって家族を大切にしたいという思いが強くなりました。

対象学年 **中学1年生**

内容項目：C-15 よりよい学校生活，集団生活の充実

主題

15 協力，役割と責任

教材 **全校一を目指して**

授業のねらい

　中学校に入学して学校生活や生徒会活動，クラブ活動などが本格的になってくると，学級以外にもさまざまな集団への帰属意識が高まってくる。そんな中，相手の気持ちや状況を理解しようとせず，自分が所属する集団にのみ関心を寄せて，自分の思いだけを主張してしまう生徒も多い。異なる立場や状況に置かれた生徒たちが，協力して1つの目標に向かうには，互いに相手の状況や気持ちを理解しようとしつつ，思いやりの心をもって，役割と責任を果たしていく必要がある。そして，中学生の段階でこのような態度を身に付けることが，良好な人間関係を保ち，自立して生きていく未来へとつながっていく。本授業では，生徒会活動をめぐる意見の対立を通して，互いの立場や気持ちを思いやりながら，協力し励まし合って，集団の中での自分の役割と責任を果たそうとする態度を育てたい。

授業づくりのポイント

準備するもの ・心情円

　本教材は生徒にとって共感できる身近な内容である。授業では，登場人物の気持ちを掘り起こし，対比して，話し合いを進めたい。この話し合いは，意見の優劣を決めるものではない。心情円を活用することで，どちらの意見にも理解できる部分があり，互いに歩み寄る姿勢が必要なことに気付かせたい。両者に必要な気持ちは何かを考え，キーワード化してねらいに迫る。

本教材の評価のポイント

①生徒の学習に関わる自己評価

・対立する2者それぞれの側に立って考えを理解しようとしたか。

・相手の気持ちを理解し，思いやりをもって協力し，役割と責任を果たしたいと感じたか。

②教師のための授業の振り返りの評価

・異なる立場から考えることによって，1つの問題にもさまざまな見方があることに気付いていたか。

・心情円を使うことによって，発言に耳を傾け，共感したり疑問をもったりしながら，ねらいに近付いたか。

・生徒は自らの発言や反応が話し合いを充実させ，自分で問題を解決したと感じていたか。

実践例

		学習活動	発問と予想される生徒の反応	指導上の留意点
導入		○ウォーミングアップ ・生徒会活動の経験を思い出す	これまでに，どのような生徒会活動の経験がありますか？ ・毎日のあいさつ運動が大変だった ・昼の放送は準備が大変だが，みんなが喜んでくれてうれしかった	・生徒会活動の経験を思い出させることでねらいに方向づける
展開		①教材を読む ②登場人物の思いに寄り添う	美化委員の2人と，サッカー部の2人は，それぞれどんなことを考えているでしょうか？ ・みんなで決めたことなのに，なぜちゃんと活動してくれないのかなあ ・施設の人に喜んでもらいたいのになあ ・事情があって，できないときもあることを分かってほしい ・だんだん面倒になってきた	・教師が範読する ・登場人物がなぜそのように考えていると思うのか，理由も明らかにする
		③2つの立場のどちらの意見に納得できるかを考え，話し合う ・自分の意見を心情円に表し，理由を書いてから，全体で話し合う	美化委員の意見と，サッカー部員の意見，どちらの意見がもっともだと思いますか？ ・みんなで決めたことだから，きちんと活動する責任がある ・人のために何かすることは大切なこと ・練習を休むとチームに迷惑がかかる ・活動は，新人戦が終わってからでもできる	・両者のどちらが正しいか，優劣を決めるものではない ・なぜそう思ったのか，理由を明らかにしていくことで，多面的に問題を捉え，多角的に考えさせる
		④さらに深く考えさせる ・両者に必要なことを考え，キーワードで表す	両者に必要なことは何でしょう？ ・お互いを尊重する ・相手を思いやる ・協力して目標に向かう	・活動を続けるには，両者に共通して必要なものがあることに気付かせる
		⑤自分事として深く考えさせる ・自分が1年C組だったら，話し合いでどのような意見を提案するかを考えて発表する	自分だったら，話し合いでどのような意見を出しますか？ ・目標を低くして，少しずつでもみんなで集めていこう ・練習がある時は友達に代わってもらい，練習がない時は，積極的に活動したりしよう	・問題について自分事として考えることができるようにする
終末		⑥授業で気付いたことや考えたことをまとめる	今日考えたことや気付いたことを「道徳ノート」にまとめてみましょう。	・集団の中で役割と責任を果たすことについて，新しく気が付いたり，これまでと考えが変わったりしたことに注目させる ・授業の中でこれからの自分の生活に生かしたいと思うことがあれば，「道徳ノート」に書くよう声を掛ける

挙手・発言
登場人物の立場や思いを理解しようとしている

挙手・発言
発言に耳を傾け，いろいろな角度から問題を考えている

挙手・発言
挙げられた意見を比較・検討して，問題の本質を探ろうとしている

道徳ノート
自分のこととして問題を捉え，具体的に解決策を考えている

振り返り
相手を思いやり，協力し励まし合って自分の役割と責任を果たそうとする意欲が高まっている

C-15 よりよい学校生活，集団生活の充実

教師や学校の人々を敬愛し，学級や学校の一員としての自覚をもち，協力し合ってよりよい校風をつくるとともに，様々な集団の意義や集団の中での自分の役割と責任を自覚して集団生活の充実に努めること。

評価のためのキーワード
①異なる立場にある人の気持ちを理解しようとする
②相手を思いやり，励まし合う
③自分の役割と責任を果たす
④共に成長し自立した集団を目指す

ボランティア活動を進める生徒と，新人戦が近い生徒の両方の思いを理解しようとすることが大切です。その上で，自分の考えを主張するだけではなく，相手を思いやり，励まし合いながら，協力して目標に向かおうとする姿勢が必要なことに気付いてほしいですね。

道徳ノートの評価文例

👍 アルミ缶を8000個集めることではなく，みんなが笑顔になれることが本当の目標だと感じたのですね。お互いに相手を思いやりながら役割と責任を果たして，多くの人が喜んでくれる活動ができたら，うれしいですね。

👍 違う立場や状況にある人の意見も尊重しないと，気持ちよく活動することができないことに気が付いたのですね。お互いに相手の話をよく聞いて助け合って活動することで，たくさんの笑顔が見られそうです。

📢 相手がどのように感じているのか，相手の立場に立って考えてみると，いろいろなことが見えてくるかもしれませんよ。助け合って一緒に目標に近付いていくにはどうしたらいいか，これからも考えていきたいですね。

📢 「相手の思いを考える」ということは，相手によっては難しいと感じたのですね。自分とは違う立場の人の気持ちを考えて協力し合うことで，多くの人が喜んでくれる活動ができるのかもしれませんよ。

通知表・指導要録等の評価文例

道徳の授業では、相手を大切にした意見を発表することが多く、温かい気持ちを学級全体に広げてくれました。教材「全校一を目指して」の学習では、目標に届かなくても、互いに思いやり、助け合って目標に向かうことで、みんなが満足できる活動ができることに気付いて発表し、話し合いを充実したものにしました。

友達の意見に耳を傾けながら、自分の考えを具体的にまとめて伝えようとする姿が見られました。教材「全校一を目指して」の学習では、話し合いを通して、「自分のことも相手のことも考えて、どちらも気持ちよく目標に向かうためには、思いやりや相手の思いを尊重することも必要」と考えるようになりました。

問題について自分のこととして考え、自分だったらこうしたいと具体的に決めようとする姿が見られました。教材「全校一を目指して」の学習では、2つの対立する意見の両方に理解を示し、意見や立場が違っても、お互いに相手を思いやる気持ちがあれば助け合えると気付いて、協力して活動するための方法を考えていました。

友達の意見を聞いて、自分とは違う考えに気付いたり、違う見方で考えようとしたりしていました。教材「全校一を目指して」の学習では、正しいと思うことを主張するだけでなく、相手の立場になって考え、相手の思いも尊重して目標に向かうことがみんなの笑顔につながると気付きました。

多数意見に安易に同調せず、少し違う角度から考えた発言で、話し合いを充実したものにしました。教材「全校一を目指して」の授業でも積極的に発言し、互いに理解し合って、許し合う気持ちも大切にしながら、励まし合って生活したいと考えるようになりました。

自分の意見を主張して満足するのではなく、いろいろな意見に耳を傾けたいと思うようになりました。教材「全校一を目指して」の学習では、立場や状況が違う人の意見も聞き、お互いに思いやり尊重し合うことで、自分を含めた多くの人が満足できる活動ができることに気が付きました。

正しいと思うことを主張するだけでなく、いろいろな見方で感じたり考えたりしようとする姿が見られるようになりました。教材「全校一を目指して」の学習では、ボランティア活動の大切さを感じつつ、人によって事情もさまざまであることに気付き、互いに思いやって協力する方法を見つけようとしていました。

対象学年 **中学3年生**

内容項目：C-16 郷土の伝統と文化の尊重，郷土を愛する態度

主題

16 郷土愛，郷土への関わり

教材 島唄の心を伝えたい

授業のねらい

　都市化と過疎化が同時に進行し，郷土に対する愛着や郷土意識が希薄になりつつある現代，身近であるがゆえに郷土の伝統文化の価値に気付いていない生徒も多く見られる。本教材で取り上げられている奄美民謡は，独特な歌詞やメロディーをもち，私たちの心に強く語り掛ける力をもつすばらしい伝統文化である。奄美民謡や本文に込められた思いを感じることで，郷土の伝統や文化にも目を向けさせ，その価値を再確認させたい。また，伝統や文化を残していくことの難しさにも触れ，どうやって郷土の伝統や文化を守っていくかを話し合う中で，結局は自分たちが積極的に郷土に関わっていく必要があることに気付かせる。

　本授業では，「島唄の心を伝えたい」を通して郷土の伝統と文化のよさに気付き，自分との関わりで問題について考える中で，誇りと愛着をもって郷土に対して主体的に関わろうとする態度を育てることがねらいである。

授業づくりのポイント

準備するもの
・奄美民謡「朝花節」「行きゅんにゃ加那節」の音源
・カード

　郷土の伝統や文化について深く考える意欲を高めるには，その価値や自分とのつながりに気付かせ，さらに伝統や文化を守っていくことの難しさも感じさせる必要がある。主発問では，板書で縦横の軸を活用するなどの工夫をして，生徒による意見交換をより活発なものにし，問題の本質に迫りたい。

本教材の評価のポイント

①**生徒の学習に関わる自己評価**

・郷土の伝統と文化のよさを感じていたか。

・郷土の伝統文化を守るために自分で何かしたいと感じていたか。

②**教師のための授業の振り返りの評価**

・生徒は郷土の伝統文化のよさを感じ，残していく方法を自分のこととして考えていたか。

・伝統や文化をどうやって守るかについて，難易度や効果を基準に整理して考えることで，さまざまな角度から郷土への関わり方について考えていたか。

・誇りと愛着をもって郷土に対して主体的に関わろうとする意欲が高まったか。

実践例

		学習活動	発問と予想される生徒の反応	指導上の留意点
導入		○ウォーミングアップ ・「朝花節」を聞き，地域によって特色ある伝統や文化があることに目を向ける	「朝花節」を聞いて，どんなことを感じましたか？ ・歌詞が不思議，メロディーが独特	・地域によって，特色ある伝統や文化が受け継がれてきたことを感じさせる
展開		①教材を読み，「行きゅんにゃ加那節」を聞いて，考える ・教材と唄を聞いて「島唄の心」について考える	「私」が島唄を続けられたのはどうしてでしょうか？ ・島の人々の大切にしてきた「島唄の心」に気付いたから ・遠い祖先の思いが込められていることが分かったから	・教師が範読する ・伝統と文化には地域の歴史や人々の思いが詰まっていることを感じさせる ・郷土の行事などに生徒が参加している様子を示し，郷土との関わりを感じさせる
		②郷土の伝統文化について考える	私たちの郷土には，どのような特色ある伝統や文化があるでしょうか？ ・郷土にも独特な踊り方や節の盆踊りがあり，毎年，楽しみにしてきた ・神社の奉納踊りに家族と参加した思い出がある ・郷土の伝統行事がなくなるのは寂しい	・他地域の伝統文化との違い，参加したときの気持ちや思い出に触れる ・人口の推移などの資料を提示し，郷土の伝統文化が将来どうなるかを考えさせる
		③郷土の伝統文化を守るためにできることを考える ・1人3つ以上の意見を考え，班ごとに2つか3つに集約してそれぞれカードに書く ・難易度や効果を考えながらグループで相談して黒板の適した位置にカードを貼る ・カードの内容や貼られた位置について全体で比較・検討し，よりよい方法について話し合う	郷土の伝統文化を守るために，私たちにはどんなことができるでしょうか？ ・受け継がれている伝統文化を知ることだと思う ・参加してみることかな	・黒板に下の図のような軸を書き，グループごとに話し合って適する場所にカードを貼らせる 効果が大きい 難しい ←→ 簡単 効果が小さい
		④さらに深く考えさせる	郷土の伝統を守るために，大切なことは何でしょう？ ・「自分が」参加しよう，伝えていこうとする気持ち ・考えたことを「行動」にうつすこと ・郷土の伝統文化を誇りに思い，大切にする気持ち	・提案されたさまざまな解決策に共通する思いは何かを考えさせることで，ねらいに迫る
終末		⑤授業で気付いたことや考えたことをまとめる	今日考えたことや気付いたことを「道徳ノート」にまとめましょう。	・郷土との関わり方について，気が付いたり，考えが変わったりしたことに注目させる ・郷土への関わり方について，これからの自分の生活に生かしていきたいことがあれば「道徳ノート」に書くよう，声を掛ける

挙手・発言
地域によって独特な伝統や文化があることに気付いている

挙手・発言
郷土の伝統や文化のよさを感じている

グループトーク
伝統や文化の保護・継承について，いろいろな角度から考えている

挙手・発言
提案された意見を比較・検討して，よりよい方法について考えている

挙手・発言
郷土の伝統文化を守るためには，一人ひとりが主体的に関わろうとすることが大切であることに気付いている

道徳ノート
郷土の伝統文化のよさに気付き，郷土に対して主体的に関わろうとしている

C-16 郷土の伝統と文化の尊重，郷土を愛する態度

郷土の伝統と文化を大切にし，社会に尽くした先人や高齢者に尊敬の念を深め，地域社会の一員としての自覚をもって郷土を愛し，進んで郷土の発展に努めること。

評価のためのキーワード
①郷土の伝統と文化のよさに気付く
②伝統と文化を大切にしている地域の人々に尊敬や感謝の気持ちを抱く
③郷土に対する愛着を感じる
④郷土の発展に主体的に関わろうとする

郷土の伝統や文化の価値に気付き，その大切さを実感していることが重要です。将来，自分がどのような状況にあっても，伝統や文化を守りたい，郷土のために何かしたい，という意欲を養いたいものです。

道徳ノートの評価文例

👍 授業やこれまでの経験から，伝統や文化は郷土の人々の心をつないでくれると考えたのですね。人任せにせず，自分たちが先頭に立って伝統や文化を受け継いでいきたいという発言は，みんなを勇気づけてくれました。

👍 長い間大勢の人を楽しませてきた伝統や文化を，自分たちで守っていきたいと思うことが大切だと感じたのですね。受け継いだ伝統や文化で，多くの人を楽しませたり感動させたりすることができたら，うれしいですね。

📢 「町の人口を増やして伝統や文化を守っていく」というのは面白い発想だと思います。どこにいても郷土のために何かできることはあるはずです。これからも自分には何ができるかを考えていきたいですね。

📢 将来の自分のことを考えても，郷土に関わり続けていくのは難しいかもしれないと思ったのですね。それでも，伝統や文化は残っていってほしいと思うのなら，離れていても自分ができることを考えていく必要があるのかもしれません。

通知表・指導要録等の評価文例

道徳の授業では，友達の意見を聞いて納得したり疑問をもったりしながら，自分の考えをまとめる姿が見られました。教材「島唄の心を伝えたい」の学習では，さまざまな意見について考え話し合う中で，地域社会の一員として自分たちが郷土の伝統や文化を受け継ぎ守っていくのだという自覚が芽生えました。

友達の考えに耳を傾け，広い視野で物事を見ようとする気持ちが強くなりました。教材「島唄の心を伝えたい」の学習では，いろいろな角度から伝統や文化の継承について考えることで，郷土の伝統や文化が自分にとって大切なものであることに気付き，郷土のために自分から行動したいと思うようになりました。

みんなが無理なく自然によりよい方向に向かうようにするにはどうしたらよいか考える姿が見られました。教材「島唄の心を伝えたい」の学習では，伝統や文化が多くの人々にとって楽しいもの，伝えていきたいものであれば，きっと残っていくと感じ，自分に何ができるか，友達の意見を参考にしながら考えていました。

友達の意見と自分の意見とを比較して考え，積極的に発言して，話し合いを深める様子が見られました。教材「島唄の心を伝えたい」の時間では，伝統や文化の継承を郷土の一部の人々や外部の団体に請け負ってもらうという案に疑問を唱え，自分たちで郷土のために行動することの大切さに気付かせてくれました。

道徳の授業では，友達の意見も取り入れながら自分の考えをまとめ，積極的に発言して話し合いを活発なものにしてくれました。教材「島唄の心を伝えたい」の学習では，郷土の伝統や文化には祖先の気持ちや意思が込められていると感じ，自分たちで受け継いでいくことが必要だと主張しました。

道徳の授業では，みんなの見方とは少し違う角度から物事を捉えようとし，話し合いに新しい感覚を投げ掛けてくれました。教材「島唄の心を伝えたい」の学習では，伝統や文化が時代に合わせて変化するものであることに気付き，形にこだわりすぎず工夫を加えていくことで，残していくことができるのではないかと訴えかけました。

対象学年 中学3年生

内容項目：C-17 我が国の伝統と文化の尊重，国を愛する態度

17 主題 込められている思い

教材 花火と灯ろう流し

授業のねらい

　中学3年生にもなると，各教科や総合的な学習の時間を通して，地域とのつながりを意識しながら，具体的に日本にある伝統と文化に対して関心を抱くようなる。また，学校と地域とのつながりを密にしているところでは，行事に対して，単に参加するだけでなく，参画しながら関わっている生徒も多い。本教材には，隅田川の花火大会を舞台に，毎年繰り返し行われる一見華やかに思える行事の中に，苦しく，切なく，やり切れない思いをしてきた先人たちの「深い深い経験」や刻み込まれた記憶が含まれている様子が描かれている。本授業では先人たちの思いや精神をたどり，その中にあるよさや意味を継承していくことの大切さを感じさせていきたい。また，自分自身と伝統と文化との関わりについても大切さを見いださせていきたい。

授業づくりのポイント

　本教材に描かれている年中行事は，形は違えど，どの生徒にもなじみ深いものと言える。そのため，導入では，授業全体の軸となるテーマ「込められている思い」を提示した後，国や地域にある年中行事を数多く挙げさせていく。展開では，年中行事の由来となった先人の経験や記憶を，「先人との対話」を意識させながら考えさせていく。その後，導入時に挙げた年中行事に視点をつなげ，それぞれに込められている思い，現代の私たちにどのようなことを伝えてくれているのかを考えさせていく。その際，地域の行事を優先して考えさせることで，より身近に伝統と文化を自分のこととして捉えることができる。終末では，今後の自分の在り方を考えることにつながる問い掛けにより，自己の生き方や人間としての生き方を見いださせていく。

本教材の評価のポイント

①**生徒の学習に関わる自己評価**

・国や地域にある年中行事に関心を抱いていたか。

・級友や先人との対話から，年中行事に込められた思いを数多く見いだそうとしていたか。

②**教師のための授業の振り返りの評価**

・生徒は，国や地域にある伝統と文化に対して，「理解」や「継承」の視点をもって，今後，どのように関わっていく自分で在りたいかを考えようとしていたか。

実践例

		学習活動	発問と予想される生徒の反応	指導上の留意点
発言 日本にある伝統と文化を積極的に挙げようとしている	導入	○ウォーミングアップ ①日本にある季節の年中行事を挙げる	日本には，季節ごとにどのような行事（習わしもの）があるでしょうか？ ・正月 ・節分 ・花火大会 ・十五夜	・テーマ「込められている思い」を提示し，教材のタイトルを出さずに，年中行事を考えさせる ・全員を立たせ，自由に意見交換を促す ・できる限り，全員の意見を確認する
読む姿 日本の伝統と文化に込められている思いを感じながら読んでいる	展開	②教材を読む	・隅田川の花火にこんな思いが込められていたなんて，初めて知った ・行事は単に楽しむためのものではないんだ ・他の行事にはどんな思いが込められているのだろうか	・全文を範読する ・範読中，文章内で気になるところへの線引きを促す ・範読後，感想交換を促す
ペアトーク・発表 友達の意見をよく聞いて，多様な視点を見いだしている		③年中行事に込められている思いを考える ・自分の意見がまとまったら，隣の人とペアトーク。その後，発表し，全体で話し合う	「そこに暮らしてきた無数の人々の，深い深い経験や刻み込んできた記憶」とは，どのようなものなのでしょうか？ ・そこに生きてきた人にしか分からない，辛く，苦しい経験 ・決して忘れることができない，忘れたくない，忘れさせたくない記憶 ・辛さや苦しさを乗り越えようとする思い	・発表の際に問い返すポイント 「無数の人々とはどれくらいの人のことをいうのか」 「"深い"が2回繰り返されているのはどうしてだと思うか」 「刻み込んで，とはどのくらいの記憶のことなのだろうか」 ・隅田川の花火に込められている思いを多様な視点から気付かせ，④につなげる
発言 身近にある年中行事と自分とを照らし合わせながら，自分のこととして考えている		④さらに深く考える ・全体で話し合う	毎年繰り返し行われる年中行事は，私たちにどのようなことを伝えてくれているのでしょうか？ ・決して忘れてほしくない，受け継いでもらいたい先人たちの思いだと思う ・自分の地域にある行事は，若い人たちに伝統や文化を引き継いでもらいたいという思いがあると聞いたことがある	・③の考えを基に，①で出した日本や自分の住む地域の行事に込められている思いを考えさせる ・国の発展に尽くしてきた先人の思いや，それを引き継ぎ伝えていく自分たちの在り方を，多様な視点から考えさせていく
ワークシート 日本の伝統と文化に対する，今後の自分の在り方を考えている	終末	⑤学んだこと，気付いたことを，これからの自分の生き方に照らし合わせ，考える ・自分の考えを整理して，ワークシートに書く	今後，多くの年中行事に参加していく中で，どのようなことを考える自分で在りたいと思いますか？ ・その時の楽しさだけでなく，先人たちの思いや，それを受け継ぐ自分たちの在り方を考えていくことができる自分で在りたいと思う ・いろいろな地域の行事に参加する中で，なぜ，この行事があるのかの意味を考えていける自分で在りたいと思う	・テーマ「込められている思い」を再度提示し，④で考えたことを基にして，発問につなげる ・今後の自分の在り方をワークシートに書かせる

C-17 我が国の伝統と文化の尊重, 国を愛する態度

優れた伝統の継承と新しい文化の創造に貢献するとともに, 日本人としての自覚をもって国を愛し, 国家及び社会の形成者として, その発展に努めること。

評価のためのキーワード
① 優れた伝統の継承をする
② 新しい文化の創造をする
③ 日本人としての自覚をもって国や地域を愛する
④ 国や地域の発展に努める

さまざまな年中行事があります。その中で, 現代の人は, 笑い, 喜び, 楽しみを感じています。でも, その行事の由来を調べていくと, 思いもよらない先人の経験や記憶が込められているということに気付きます。一人の日本人として, 年中行事にどのような思いが込められているのかを考えていきたいですね。

道徳ノートの評価文例

👍 自分の身近にある年中行事に積極的に関わっていますね。また, その行事がどのような経緯で始まったのか, どんな思いが込められているのかについても, しっかりと考えているようです。ぜひ, 今の取り組みを大切にしながら, 今後もさまざまな行事に関わっていってくださいね。

👍 国や地域の中に, こんなにもたくさんの年中行事があるのだということを知ることも, とても大切なことの一つなのですよ。また, 級友との対話の中で, 思いもよらなかった先人の経験や記憶に触れることができて, さらに考え方に深まりがでましたね。これから参加していく多くの年中行事に対しても, 人々の思いを見いだしてみてくださいね。

📢 今後, 関わっていくであろう多くの年中行事に対して, 自分の在り方をしっかりと考えていますね。私たちの住む地域にはたくさんの先人の方がいます。今回の学びの中で, その方々の思いを感じ取れたという経験は, きっと, これからの生活の豊かさにつながっていくと思います。ぜひ, 今の考え方を大切にして, これからの生活に役立てていってくださいね。

📢 年中行事は楽しいものばかりです。でも, 今回の学びで得た, 先人たちの経験や記憶を感じ取り, 何のために今につながってきているのかを考えることも大切なことです。そして, あなたが考えているような, これからの自分の在り方を考えていくことは, もっと大切なことなのですよ。

通知表・指導要録等の評価文例

道徳科の時間を通して，今の自分やこれからの自分の在り方を深く考えようとしていました。「込められている思い」をテーマにした授業では，最初，身近にある年中行事の楽しさだけを見いだしていましたが，その中に込められている先人の思いを感じ取りながら，考えを深めようとしている姿が見られました。

級友と積極的に対話しながらも，教材の中に込められた先人との対話を楽しんでいるようでした。特に「花火と灯ろう流し」を教材に学んだ授業では，先人の生き方や経験，記憶などを，さまざまな視点から考えながら，自分のこととして捉え直そうとする姿が見られました。

授業の中で，自分の考えと照らし合わせながら，級友の話を一生懸命に聞き取ろうとする姿が数多く見られました。また，その中で感じたこと，考えたことを，その時々でワークシートに記述している様子も見られ，教材「花火と灯ろう流し」の学習では，自分のよりよい生き方を模索しながら学んでいる姿が見られました。

自分の考えを述べながらも，級友の考え，教師の考え，教材の中にある考えを取り入れ，新たなよりよい生き方につながる考え方を見いだそうとする姿が見られました。特に「込められている思い」をテーマに，日本にある伝統と文化を学ぶ学習では，先人の思いを探りながら，自分のこととして考えようとする姿が印象的でした。

級友の考えから，自分にはなかった考え方を見いだしながら，心の成長へとつなげていっている姿が見られました。特に，教材「花火と灯ろう流し」の学習では，話し合いの場面において，自分の考えに級友の考えを加え，多様な視点からさまざまな意見を発表することができました。

年度初めは，自分の考えを中心に意見を発表していましたが，少しずつ，級友の意見を取り入れながら意見を練り直そうとする姿が見られました。特に「花火と灯ろう流し」を教材に学んだ授業では，教材の中に込められている先人の思いを深く考え，自分の考えに含めようとする姿が見られました。

教師が「自分のことをどのように見つめていますか？」と聞くと，いつも，自分の心の様子を色で表すカードを持ち出し，表現してくれました。また，その心の色に変化があった時や，教師の捉え間違いがあった時には，しっかりと意思表示を行い，自分の心の様子を教えてくれました。

内容項目：C-18　国際理解，国際貢献

対象学年
中学2年生

主題
18 国際貢献，人類愛

教材　六千人の命のビザ

授業のねらい

　世界には差別や迫害，テロや戦争が絶えない。グローバル化している現代社会にあって，私たちは国際的な関わりをもつことなく孤立して生きることはできない。世界の中の日本人として，世界の平和と人類の発展に貢献することが求められている。

　中学生になると世界の歴史や外国語もより深く学び，国際理解への関心が高まっている。本教材は，第2次世界大戦中，ユダヤ難民を救ったリトアニア領事代理杉原千畝（ちうね）氏の妻幸子さんが，夫への鎮魂歌として書いた感動的な回想録である。さまざまな苦悩を乗り越え，人類愛の視点に立って行動した杉原千畝さんの思いを受け，授業のねらいは「世界の中の日本人として，国際的視野に立ち，世界の平和と人類の発展に努めようとする態度を育てる」とした。

授業づくりのポイント

準備するもの
・ホワイトボード
　（模造紙でも可）

　本教材は第2次世界大戦中の緊張した情勢の中での実話である。導入で，教科書の年譜や写真，資料等を用い，当時の世界情勢やナチス・ドイツのユダヤ人迫害等について理解させておく必要がある。杉原さんも人間であり，弱さ，強さ，温かさ，気高さをもっている。外交官としての責務，家族の安全を守る父親としての役割もある。杉原さんは簡単に決断したのではない。幾日も苦悩し，最終的に人道的視点に立って行動したことに気付かせたい。また，グループや全体での話し合いを通して多面的・多角的な意見が出せるように努め，杉原さんの決断に共感させ，世界の平和と人類の発展のために，一人の人間としてどう生きるべきか考えさせる。

本教材の評価のポイント

①生徒の学習に関わる自己評価

・人類愛の精神でユダヤ難民を救おうとした杉原さんの行動に学び，世界の中の日本人として国際的視野に立って判断することが大切であることを理解し，これからの生き方についての考えを深めることができたか。

②教師のための授業の振り返りの評価

・ねらいを達成できたか。すなわち，ユダヤ難民を救おうとした杉原さんたちの苦悩について多面的・多角的に考え，その人類愛に深く共感させることができたか。

実践例

		学習活動	発問と予想される生徒の反応	指導上の留意点
挙手・発言 ユダヤ人たちへの迫害の実態を理解している	導入	○ウォーミングアップ ・第2次世界大戦頃の国際情勢やナチス・ドイツのユダヤ人迫害について学ぶ	**なぜユダヤ人たちは,ナチス・ドイツから逃れようとしたのでしょうか?** ・ドイツがポーランドに侵攻し,第2次世界大戦が始まった ・ユダヤ人迫害が激しくなった。多くの人が強制労働させられたり,虐殺されたりした	・教科書の年譜や写真等を活用して当時の状況を説明する ・およそ600万人のユダヤ人等が犠牲になったという
挙手・発言 いろいろな視点から考えている	展開	①教材を読み,あらすじを確認する	**杉原さんが,何日も悩んだことは,どのようなことでしょう?** ・外交官として命令に背けない。処分されるかもしれない ・家族を危険にさらすことは避けたい ・ビザを発行しなければ,この人たちは迫害され命を失うだろう	・外交官として命令に従うのは当然であることに気付けせる ・きれいごとで終わらせない ・さまざまな視点から苦悩する杉原さんに共感させる ・机間巡視
グループ討議・発言 杉原さんの気持ちに寄り添いながら,自分のこととして考えて発表している		②グループで話し合い,ホワイトボードにまとめ,黒板に貼り付け,みんなで話し合う	**杉原さんの苦悩の末の行動には,人々に対するどのような思いが込められていたのでしょうか?** ・目の前の人々を見殺しにできない ・良心に従おう。人類愛,人道的精神で1人でも多くの人を救おう ・ビザを出すことの方が真の国益に叶う ・ユダヤ難民も同じ人間だ	・文部科学省『私たちの道徳』p.123「杉原千畝の手記」を参照
挙手・発言 「命のリレー」を学んで,多くの人たちが杉原さんの思いをリレーしたことに気付いている		③教科書掲載の「命のリレー」について説明する	**杉原さん以外にも多くの人たちが協力して命のビザをつなぎました。** ・「命のビザ」が,根井さんや小辻さんたちにリレーされ,ユダヤ難民が救出されたんだなあ	・教科書の地図及び『指導書』等を活用し,多くの人が救出に協力したことを理解させる
振り返り 学んだことをこれからの自分の生活に生かそうとしている	終末	④本時のまとめをする ・道徳ノートに自分の考えを書いて発表する	**世界平和に貢献するために,私たちができることについて考えてみましょう。** ・多文化共生。国際交流を盛んにする ・ささやかでも難民支援,海外助け合いなどに協力する	・自分たちができることについて具体的に考えさせる。 ・「道徳ノート」を回収し,評価に生かす ・板書を撮影しておく

C-18 国際理解，国際貢献

世界の中の日本人としての自覚をもち，他国を尊重し，国際的視野に立って，世界の平和と人類の発展に寄与すること。

評価のためのキーワード
① 日本人としての自覚をもつ
② 自国と同様に他国を尊重する
③ 世界の平和に貢献する
④ 人類の発展に寄与する

世界の平和や人類の発展が大切ってことはみんな知っているけど，自分のこととして考えさせるのは難しいですよね。人間は平等。差別や偏見をなくし，人類愛の視点で行動する姿勢を育てたいですね。

道徳ノートの評価文例

👍 人道に基づく決断が大切なことを学びましたね。感想にあるように，私も杉原さんの苦悩を乗り越え人道に基づく勇気ある決断，命のビザの発行に感動しました。何が正しいか，判断することは難しいですが，その時どう動くか。どちらが人類の発展に役立つかという視点で考えることが大切ですね。

👍 杉原さんは素晴らしい人でしたね。また，「それ以外の人々もユダヤ難民を救おうとしたことを知りうれしくなりました」と述べているように，多くのことを学びましたね。世界の中の日本人として，人間らしい温かい心で国際的視野に立って行動することが大切です。いつの時代もその心に学びたいものですね。

📣 「私だったら家族を危険にさらしたくない。杉原さんは家族のことをどう思っていたのかすごく気になります」とありますが，杉原さんも悩みに悩んだと思います。それでも勇気を出してユダヤ難民を救おうとした杉原さんの決断，それにより数千人の命が救われたのです。人は気高さももっていますよ。

📣 「外務省はどうして杉原さんの考えを『否』としたのだろう。杉原さんの思いが理解できなかったのだろうか」との疑問はもっともです。目先の利益だけでなく長い目で見てどうすることが日本の国益に叶うか，で判断することが重要ですね。外務省は後に杉原さんの行動を評価し，外交史料館に顕彰プレートを設置しました。

通知表・指導要録等の評価文例

挙手して発言するなど積極的に話し合いに参加しています。また，友達の発表にも耳を傾け，友達の意見も尊重しようとしています。特に教材「六千人の命のビザ」の授業では，少数意見にも「そういう考え方もあるね」と認めつつ，別の視点から自分の意見を付け足して発言し，多面的・多角的な議論を深めていました。

いつも優しい思いやりの心をもって話し合いに参加し，「道徳ノート」にも丁寧な字で自分の思いを書いています。「国際理解，国際貢献」の授業では，「世界には困っている人が大勢いる。大人になったらそういう人々の助けとなる仕事がしたい」と自分の考えをこれからの生き方に関わらせて意欲的に書いていました。

みんなの意見をじっくり聞きながらも，多数意見に流されず主体的に考え慎重に発言しています。教材「六千人の命のビザ」の学習では「外交官である前に人間です。家族の命を守ることが一番大切ではないでしょうか」と自分の考えをしっかり述べて，話し合いを深めていました。

落ち着いて人の意見を聞いています。発言は控えめですが，「道徳ノート」等には自分の考えをしっかりと書いています。例えば教材「六千人の命のビザ」では，「戦争は，自分さえよければという自分勝手な心から起こります。人間は平等です。思いやりの心が大切で，杉原さんのような優しい心をもちたい」と自覚を深めていました。

話し合いを通してさまざまなことを学び，自分の考えを深めています。教材「六千人の命のビザ」の授業では，世界の中の日本人として，共に生きることの大切さを理解し，「道徳ノート」には「差別はだめ。あの状況でビザを発行した杉原さんはすごい。どんな時も人間としての良心に従い行動することが大切だ」と書いていました。

対象学年 **中学3年生**

内容項目：D-19 生命の尊さ

19 主題 かけがえのない生命

教材 たとえぼくに明日はなくとも

授業のねらい

　本授業では，生命の尊さについて，その連続性や有限性などを含めて理解し，かけがえのない生命を尊重する態度を育んでいきたい。中学生の時期は，比較的健康に毎日が過ごせる場合が多いため，自己の生命に対するありがたみを感じている生徒は決して多いとは言えない。また，身近な人の死に接したり，人間の生命の有限やかけがえのなさに心を揺り動かされたりする経験も少なくなってきている。生徒には，自らの命の大切さを深く自覚させるとともに，かけがえのない生命を尊重する態度を身に付けるように指導していきたい。

　本教材は，進行性筋萎縮症（筋ジストロフィー）を抱え，家族の深い愛情を受けながら限られた自分の生命と向き合い，自らの生命の大切さを深く自覚し，苦難を乗り越えて人との出会いを通して生きる喜びを見いだした青年の話である。生徒にはかけがえのない生命の大切さを自覚させ，生命の尊さへの理解につながるように指導したい。

授業づくりのポイント

準備するもの
・進行性筋萎縮症についての補助説明（4ツ切画用紙にマジックで書く）
・石川正一さんの写真（書籍等より）

　導入では，これまでの自分を振り返り，生命の尊さについて発表させる。その後，教材に描かれている主人公と病気について考え，ねらいとする道徳的価値へ方向付けをする。また，授業の中盤においては，価値理解を深めるためのグループトークを取り入れたい。始めに4人程度のグループで意見交流し，特徴的な意見をホワイトボードに整理し，その後，ホワイトボードを掲示して全体交流を行い，他者理解および自己理解を深めていきたい。

本教材の評価のポイント

①生徒の学習に関わる自己評価

　・かけがえのない生命を尊重し，自らも多くの人たちによって生かされていることに素直に応えようとする発言や記述があったか。
　・自らの生命の大切さを深く考えている様子が見られたか。

②教師のための授業の振り返りの評価

　・道徳的価値の自覚を深める発問や多様な指導方法の工夫ができたか。
　・主人公と家族の姿を通して，生命の尊さについて話し合う授業展開ができたか。

実践例

	学習活動	発問と予想される生徒の反応	指導上の留意点
導入	①生命の尊さについて考える ・生きることの素晴らしさを実感した経験を振り返る ・主人公と主人公の病気について知る	どんなときに、生きていてよかったなあと感じますか？ ・努力が報われたとき、家族や仲間と喜びや悲しみを分かち合えたとき、心や体が元気になったときなど 進行性筋萎縮症を抱え家族の深い愛情を受け懸命に生きてきた石川正一さんを通して、生きることの喜びと生命の尊さについて考えてみましょう。	・生徒の自由な発言を尊重し、教材導入を図る ・主人公について説明し、ねらいとする道徳的価値への方向づけをする
展開	②教材「たとえぼくに明日はなくとも」を範読し、話し合う ・進行性筋萎縮症の重大さを知り、動揺しながらも、息子のためにできることをしようと決心した父親に共感する ・自分の命の有限さを問う息子に対する父親の思いを考える ・館野さんと出会ってからの主人公の生き方について考える ・4人程度のグループになり、考えを発表し合い、友達の考えと自分の考えがどのように変わったかを発表し、その後、全体交流する ③生命の尊さについてさらに深く考える	S療育園を訪れたとき、正一君の病気の重大さを知った父親は、どんな気持ちになったでしょう？ ・治療方法がないなんて ・20歳ぐらいまでに死亡するなんて ・運動機能訓練を重ねれば生命を少しでも長引かせられる ・自分の生命を分けてやれるものならそうしたい 「ぼくはいつまで生きられるの？」と聞かれた時、父親はどのような思いでいたでしょう？ ・いつか聞かれると思っていた ・父親として息子に伝えるのは胸が引き裂かれる思いだけれど、息子にとってかけがえのない生命だ。きちんと伝えよう 正一君が館野さんとの出会いを通して、感じたり知ったりしたことは何でしょうか？ ・ぼくの気持ちを分かってくれている。体中でぼくを受け止めてくれる ・人生においてこれだけ夢中になれる仕事があることはすごい。一生懸命に自分の思いを陶芸で表しているんだ ・ぼくも館野さんのように生きたい。たとえ「ぼくに明日という日がなくとも精いっぱい生きたい」 かけがえのない生命をいとおしんで生きるために、どのようなことを見つめ直すとよいのでしょうか？ ・家族や身近な人たちや仲間など多くの人たちとの関わりの中で、互いが尊重し合い生きている	・教材を範読する ・息子の病気の重大さを知り、息子のかけがえのない生命のために苦悩する父親に自我関与させ、息子への愛情と命の尊さを感じ取らせる ・息子に伝えなければならいつらさと、きちんと伝えようとする父親の心の揺れを感じ取らせる ・館野さんに出会った主人公に自我関与させ、新しい人生が始まったかのように館野さんから感じたり、知ったりしたことについて多様な考え方や感じ方を出させ、価値の大切さについて考えさせる ・これまでの自分を振り返り、自己の生命の大切さを深く自覚するとともに、自分以外のあらゆる生命への感謝と尊さについて深く考えさせる
終末	④この授業で考えたことや気付いたこと、これからの自分の生活にどう生かすかを考え、「道徳ノート」に書く	今日の授業で考えたことや気付いたことを「道徳ノート」にまとめましょう。これからの自分の生活にどう生かすのかについても書きましょう。	・自分の考えをまとめ、友達の多様な考え方や感じ方に触れ、最初の自分の考えの変容に気付かせる

挙手・発言
生きることの素晴らしさを実感した経験を振り返り、その時の気持ちを考えている

挙手・発言
主人公に自我関与させ、道徳的価値に関わる多様な考え方や感じ方を発表している

グループトーク・全体交流
友達の考えと自分の考えを比べ、最初の自分の考えがどのように変わったかを発表している。グループトークでの特徴的な考えをまとめて発表している

挙手・発言
これまでの自分を振り返り、かけがえのない生命を大切にして生きることについて多様な考え方や感じ方を発表している

道徳ノート
生命の尊さについて深く考えている

振り返り
この時間で「生命の尊さ」について考えたことや気付いたことを、これからの自分の生活に生かそうとしている

D-19 生命の尊さ

生命の尊さについて，その連続性や有限性なども含めて理解し，かけがえのない生命を尊重すること。

評価のためのキーワード
①生命の尊さを深く考える
②かけがえのない生命を尊重する
③つながり，支え合って生きる
④夢や希望をもって懸命に生きる

かけがえのない生命を大切にし，自らもまた多くの生命によって生かされていることを理解することが大切です。生きることの意義を考え，生命を尊重する態度を養いたいですね。

道徳ノートの評価文例

👍 生命はかけがえのないものであることは誰もが知っています。自分の生命も自分以外の生命も尊重され，生命あるものは互いに支え合って生き，生かされていることに感謝の念をもって生きているのですね。これまでの自分を振り返り，仲間や家族との関わりの中で生きることの素晴らしさを実感しているのですね。

👍 限られた自分の生命を大切にし，家族や仲間との関わりを通して，一生懸命生きようとする主人公の姿から，生命がかけがえのないものであることを深く考えました。生きている環境や状況は違っても，さまざまな人たちに支えられながら現実の状況を受け入れ，夢や希望をあきらめず懸命に生きることの大切さを理解することができました。

📣 ずっと昔から世代から世代へと生命が受け継がれてきたからこそ，こうしてかけがえのない自分が今生きているのですね。いわばファミリーヒストリーです。家族の歴史を引き継いで生きている自分が，新たな歴史をどのように築いていこうかと考え始めたのですね。焦らずじっくりと取り組んでいきましょう。

📣 家族の深い愛情に支えられ，余命いくばくもない限られた人生に生きる目的を見いだし，懸命に生きようとする主人公の姿を通して，日々の自分を振り返り，今努力していることをさらにがんばっていこうとする姿勢が感じられました。今後も引き続き取り組んでください。いろいろな点で生活に変化がみられることでしょうね。

通知表・指導要録等の評価文例

「生命の尊さ」の学習では，教材「たとえぼくに明日はなくとも」の学習を通して，難病を抱え限られた人生を懸命に生き抜く主人公に共感し，今生きている自分の存在を認め，今生きている自分のかけがえのなさを理解し，自らの生命のみならず生きとし生けるものの生命の尊さについて深く考えることができていました。

「生命の尊さ」の学習では，自分の身近な人の死に接した経験を基に，そのときの思いを想起して，人間の生命の有限さや生命の大切さについて深く考えていました。「道徳ノート」には，「生きていることのありがたさを深く感じ，これからも自分の生命を大切にし，一生懸命に生きていきたい」と自分を深く見つめていました。

「生命の尊さ」の学習では，グループトークや全体交流の話し合いを通して，自分としっかり向き合いながら，自分が今ここにいて，毎日を自分の夢や希望に向かって努力し続けられるのは，家族の深い愛情と仲間や教師や大人の支えや関わりがあるからこそできていると，他者への尊敬と感謝の念をもつことと捉えていました。

「生命の尊さ」の学習では，自分と家族や仲間との関わりを考えながら，よりよく生きる喜びを基に，自分や自分以外のかけがえのない生命をいとおしみ，尊敬と感謝の心をもち，互いが認め合い，自分に恥じることなく，夢や希望をもって一生懸命生きようとすることの大切さについて深く考えていました。

「生命の尊さ」の学習では，教材「たとえぼくに明日はなくとも」の主人公に共感しながら，かけがえのない生命を大切にし，家族の愛情や多くの人たちの支えや関わりに感謝するとともに，自分のなすべきことを求め，生きることの意義を見いだすことについて深く考えようとしていました。

対象学年: 中学1年生

内容項目：D-20 自然愛護

20 自然とのつながり

教材 桜に集う人の思い

授業のねらい

　生徒は小学校の段階で自然の素晴らしさや不思議さ，偉大さを体験的に学んできている。中学校に入学してからは，防災に関する学習や自然教室の体験等を通して，自然の力のすさまじさと人間の力の限界を理解してきている。本教材は桜守として世界的に有名な佐野藤右衛門さんの桜に対する心遣いや，東日本大震災後の被災地での桜を植樹する様子等が描かれている。そのため，本授業を通して，自然がもつ崇高さに触れながら，人の心を豊かに，穏やかにしてきた自然の力と，自然をいつくしみ，守ろうとする人の心のつながりを見いださせていきたい。また，自然との関わりを多様な視点から捉え，自然を愛し，守るといった環境の保全にも触れていきながら，ありのままに自然の力を受け止めていこうとする心を育んでいきたい。

授業づくりのポイント

準備するもの
・自然環境に関する音楽

　導入では主題である「自然とのつながり」を提示し，人と自然とのつながりをペアやグループで自由に意見を挙げさせる。展開では，教材にある藤右衛門さんの言葉から，人と自然（桜）における相互関係や，人が自然（桜）に対して行う心遣いに込められた思いを考えさせていく。その後，なぜ人は自然に対して願いや希望を託すのかを，全体で考えさせていく。その際，導入時で挙げたさまざまな自然から考えられるようにしていく。終末では，導入で挙げた人と自然とのつながりを再度振り返り，自分のこととして，自分の身近にある自然とのつながりを考えさせていく。なお，考える時には，川の流れや鳥のさえずり，葉のこすれ合う様子が感じられる音楽を流し，自然をより身近に感じることができる環境をつくる。

本教材の評価のポイント

①生徒の学習に関わる自己評価

　・自然の神秘さを感じ取りながら，偉大さ，崇高さに気付いていたか。
　・自然を愛護する姿や自然と共に生きている人としての在り方を感じ取ろうとしていたか。

②教師のための授業の振り返りの評価

　・生徒は，自分自身と身近にある自然とのつながりを見いだし，自然と共に生きていくことの大切さを考えようとしていたか。

実践例

		学習活動	発問と予想される生徒の反応	指導上の留意点
ペアトーク・発表 自然とのつながりを多様な視点から見いだそうとしている	導入	○ウォーミングアップ ①自然と人がつながっていると感じる事柄を考える	「自然と人とがつながっていると感じる事柄」にはどのようなものがあるでしょうか？ ・海水浴 ・花見 ・登山 ・天体観測	・主題「自然とのつながり」を提示し、教材のタイトルを出さずに、自然と人とのつながりを考えさせる ・できる限り、全員の意見か意思を確認する ・可能な場合、体験談を語る機会を設ける
読む姿 自然と人との相互関係を感じながら読んでいる	展開	②教材を読む	・藤右衛門さんの桜に対する思いに心が温かくなった ・桜が人を元気にしてくれているのだと思った ・桜が人を集め、人が桜を大切にしているのだと思った	・全文を範読する ・範読中、文章内で気になるところへの線引きを促す ・範読後、感想交換を促す
ペアトーク・発表 友達の意見をよく聞いて、多様な視点を見いだしている		③藤右衛門さんの言葉に込められた思いを考える ・自分の意見がまとまったら、隣の人とペアトーク。その後、発表し、全体で話し合う	藤右衛門さんが言う「その木の周りに住む人たちの心遣い」とはどのような心遣いなのでしょうか？ ・桜のことを考え、感じ、必要なことをしてあげようとすることだと思う ・一人がするのではなく、その地に住んでいるたくさんの人が互いに心を通わせて桜に関わろうとすることだと思う ・桜を同じ生き物の一つとして、心から声を聴こうとする関わりだと思う	・発表の際に問い返すポイント 「どうしてその心遣いが必要なのだと思うのか」 「心遣いを受けて残っている桜は、人にどんな影響や恩恵を与えてくれているのか」 「人が桜に対して心遣いをするようになったのはなぜだろうか」 ・桜に込める人の心や、桜がもたらす人への影響や恩恵をしっかりと考えさせ、④につなげる
発言 人が、自然に対して託す願いや思いの意味、自然とのつながりを見いだそうとしている		④さらに深く考える ・全体で話し合う	さまざまな生き物が存在する中で、どうして人は、桜や梅に、東日本大震災の被災地復興の願いを託したのでしょうか？ ・私たちの心を豊かにしてくれたり、時には勇気づけたりしてくれる生き物の代表だからだと思う ・純粋に美しく、その美しさに勇気をもらったり、元気づけられる人がいるからだと思う ・桜や梅を見ていて、心が和み、同じ生き物としてつながっているなと感じるからだと思う	・人間が自然からもらう恩恵、自然がもつ不思議な力を多様な視点から見いだしていく ・ある程度意見が発表された後、①の学びを振り返らせ、桜や梅以外にも、人が多くの自然とつながっていると感じるのはどうしてなのかを全体で考えさせていく
ワークシート 自分と身近にある自然とのつながりを再認識し、そのありがたさを感じ取ろうとしている	終末	⑤学んだこと、気付いたことを、これからの自分の生き方に照らし合わせ、考える ・自分の考えを整理して、ワークシートに書く	身近に会う自然と自分にはどのようなつながりがあるのでしょうか？ ・自然を何気なく見て、感じてきた、知らないところで自分を勇気づけてくれたり、励ましてくれたりされているのだと感じた ・自然とのつながりによって人は大きな力や元気をもらっている。その自然をこれからも大切にしていかなければならないと改めて感じた	・主題「自然とのつながり」を再度提示し、④で考えたことを基にして、自分のこととして考えさせ、発問につなげる ・自分と身近にある自然とのつながりを再度考えさせ、ワークシートに書かせる

D-20 自然愛護

自然の崇高さを知り，自然環境を大切にすることの意義を理解し，進んで自然の愛護に努めること。

評価のためのキーワード
①自然の崇高さを知る
②自然環境を大切にする
③自然がもたらす影響を知る
④自然愛護に努める

身近にある自然とのつながりを感じる機会は年間を通して何度もあります。その中で，自然が人に対してどのような影響や恩恵をもたらしているのか，人が自然に対してどのように関わっているのかを，さまざまな視点から捉えていきたいですね。

道徳ノートの評価文例

👍 人と自然とのつながりについて，自分の今までの体験からたくさんのことを見いだしていましたね。また，自然が人に対してどのような恩恵を与えてくれているのかということを，自分のこととして捉えようとしていましたね。今の考えを，これからも大切にしていってくださいね。

👍 長い年月の間存続してきた自然の雄大さが，人とのつながりによって生まれていたということを教材から見いだしている姿に，大変感動しました。また，自然を人とのつながりにおいて大切にしていこうとする視点も，とても素晴らしいと感じました。

📢 進んで自然を守っていこうという思いや，自然を愛し，無理なく自然と関わっていこうとする考えがとても大切だと感じました。また，自然の素晴らしさを謙虚に受け取り，それを自分のよりよい生き方へとつなげようとすることにも感動しました。今の考えをもって，今後も自然と人間との在り方をしっかりと考え続けていってくださいね。

📢 自然との心のつながりを感じ取り，自然と共に生きていくことの大切さを見いだしていましたね。また，東日本大震災における人知を超えた悲惨な出来事についても，その時の人の心の傷を癒してくれるものの一つが自然なのだということを感じていたことが，とても素敵でしたよ。今後は，自然に対して，今の自分に何ができるのかという視点をもつことも大切になりますね。

通知表・指導要録等の評価文例

道徳科の時間を通して，今の自分やこれからの自分の在り方を深く考えようとしていました。「自然とのつながり」をテーマにした授業では，最初，つながっていることは当たり前と捉えていましたが，そのつながりの強さや意味を数多く見つけ出していました。

自分の考えをしっかりともって級友と意見交換することができました。特に「桜に集う人の思い」を教材に学んだ授業では，人と自然とのつながりや，自然の崇高さ，偉大さをさまざまな視点から見いだしながら考えている姿を見ることができました。

「自然とのつながり」をテーマに考えた授業では，「人と自然とのつながりを再認識したように感じた。自然の中で人は生き，自然と共に人は生きていくという大切なことを学んだ気がする」と，今の自分を振り返りながら，人と自然とのつながりを真剣に見いだそうとする姿が見られました。

教材「桜に集う人の思い」での学習では，人と自然とのつながりをグループで話し合っている際に，身近なところから数多く見いだしている姿をみることができました。また，自然と共に生きていくことや，自然に生かされている人としての在り方を真剣に考えようとする姿も見ることができました。

授業の中で，教材と対話しながら，自分の考えを新たにしようとする姿が見られました。特に，「自然」を題材にした授業では，自然がもつ力の大きさ，人とのつながり，人が自然に対してもつ思い等をさまざまな視点から見いだしている姿が見られました。

年度初めは，自分本位の考え方が強かったのですが，次第に，級友や先生，教材に込められた思いを自分の考えに含めながら，考え方を更新していこうとする姿が見られました。特に，「自然とのつながり」をテーマに考えた授業では，今までの自分と自然とのつながりを基に，人間としてのよりよいつながりを見いだそうとしていました。また，いつも積極的に意見を発表し，学級全体の学びの促進に大きく貢献していました。

人前で発表することは少なかったのですが，いつも自分の考えをしっかりともっていて，ワークシートにたくさん書き込む姿が数多く見られました。特に，「自然とのつながり」をテーマに学んだ授業では，さまざまなつながりを見いだしながら考えていました。

対象学年
中学1年生

内容項目：D-21 感動，畏敬の念

21 自然の力と向き合って

教材 火の島

授業のねらい

　本授業では，美しいものや気高いものに感動する心をもち，人間の力を超えたものに対する畏敬の念を深め，自然を愛する心情を育んでいきたい。生徒には，自然や人間の力を超えたものに対する美しさや神秘さなどを感じ取らせることで，人間と自然，美しいものとの関わりを多面的・多角的に捉えるように指導していきたい。本教材は，ハワイ島のキラウエア火山の溶岩を撮影した作者（写真家）が，自然の偉大さや神秘さなどを体感し，自然と人間の関わりを深く考えていく内容である。近年，生活環境の変化に伴い，生徒が日常生活において直接自然に対して大きく心を揺れ動かす場面や機会が少なくなってきている。生徒には溶岩の熱気と大地の鼓動を感じ，溶岩を撮影する写真家の臨場感あふれる感動体験を共有し，有限である人間の力をはるかに超えたものを謙虚に受け止める心情を育んでいきたい。

授業づくりのポイント

準備するもの：・ハワイ観光局の写真・動画，教科書の拡大写真

　人間理解や道徳的価値の自覚を深めるために，火山の位置確認のための世界地図や，写真家が体感した溶岩の熱気や大地の鼓動が伝わる溶岩の写真や動画を教材として活用したい。ねらいとする道徳的価値の自覚を深めるために効果がある。教材文を読み終わったあとで，地図と写真を掲示して，キラウエア火山の位置と活火山の様子に目を向けさせたい。中心発問の場面では，動画を活用し，写真家に自我関与させたい。また，4人程度のグループを編成し，自分の考えを発表し，友達の考えと比べ，最初の自分の考えの変化を発表し，その後，全体交流することで道徳的価値の自覚を深める。

本教材の評価のポイント

①生徒の学習に関わる自己評価

・人間の力をはるかに超えた自然の美しさや神秘さに感動した発言や記述があったか。
・写真家に自我関与し，自然に対する畏敬の念を深めたりする心情が見られたか。

②教師のための授業の振り返りの評価

・道徳的価値の自覚を深めるための教材活用の工夫ができたか。
・臨場感溢れる感動体験を共有し，道徳的価値の自覚を深める発問の工夫ができたか。

実践例

		学習活動	発問と予想される生徒の反応	指導上の留意点
導入		①自分の体験を振り返る ・自然を身近に感じ、心が揺れ動いた体験を振り返らせる	**自然の美しさや神秘さに心が大きく揺れ動いたことはありますか?** ・早朝の朝焼けや下校途中の夕焼け、登山体験による眺望絶佳など	・生徒の自由な発言を尊重し、本時のねらいとする道徳的価値への方向づけをする
展開		②教材「火の島」を範読し、話し合う ・溶岩の撮影を行う写真家の自然への思いを感じ取る	**写真家は、溶岩の撮影中、溶岩の熱気と大地の鼓動を感じたとき、どんなことを考えましたか?** ・溶岩の撮影のために立ち入ったことで、女神ペレを怒らせたのかもしれない ・今、立っている下を溶岩が流れ大地の鼓動が伝わってくる。まるでパイの皮の上にいるようで、急に怖くなった	・教材を範読する ・地図と写真を提示し、キラウエア火山の位置と活火山の様子に目を向けさせたい ・火山を訪れ、溶岩の熱気と大地の鼓動を体感する中で撮影をする写真家に自我関与し、人間の力を超えたものを感じ取らせたい
		・目の前をゆっくりと生き物のように動く溶岩に抱く写真家の感動に共感する	**日没後、赤く光る溶岩が目の前をゆっくりと生き物のように動く姿を見て、武者震いが止まらなくなった写真家はどんなことを思ったのでしょうか?** ・昼間とはまったく違う、赤く光る溶岩はまるで地球のエネルギーの塊だ ・人間の力をはるかに超えた自然の力に向き合って、緊張と興奮が止まらない	・日が暮れて、不気味に赤く光り海に流れ出す溶岩の写真を提示し、自然の力と向き合って武者震いが止まらない写真家に自我関与し、こうした気持ちの高ぶりを生じることが畏敬の念であることに気付かせたい
		・過酷な溶岩撮影になっても時を忘れ夢中になった写真家の抱いた畏敬の念を捉える ・4人程度のグループになり、考えを発表し合い、友達の考えと自分の考えを比べ、最初の自分の考えがどのように変わったかを発表し、その後、全体交流する	**写真家が、「絶対に忘れられない1日になった」と言うのは、どうしてでしょうか?** ・地球のエネルギーを実感した ・古代ハワイアンがこの光景に神の姿を見て、恐れおののいたのは当然のことだ。人間の力をはるかに超えた自然を敬う心を感じた	・人間の力をはるかに超えた自然の力と向き合うことで、自然を敬う古代ハワイアンに思いを馳せ、自然への畏敬の念を感じ取らせたい
		③自然への畏敬の念をさらに深める	**人間の力をはるかに超えた自然の力に出合ったとき、人はどのような思いを抱くでしょうか?** ・自然の偉大さや神秘さにたじろいでしまう ・自然の大きな営みに感動し、自然を敬う気持ちを抱くようになる ・科学は万能ではない	・人間の力をはるかに超えた自然の力と向き合ったときの人の思いを捉えさせる
終末		④この授業で自然について考えたことや気付いたことをこれからの自分の生活にどう生かすかを考える	**今日の授業で考えたことや気付いたことを「道徳ノート」にまとめましょう。これからの自分の生活にどう生かすのかについても書きましょう。**	・自分の考えをまとめ、友達の多様な考え方や感じ方にふれ、最初の自分の考えの変容に気付かせる

挙手・発言
自分の体験を通して、自然の織りなす美しい風景や自然現象の神秘さとの関わりについて多角的に考えている

挙手・発言
写真家に自我関与させ、道徳的価値に関わる多様な考え方や感じ方を発表している

グループトーク・全体交流
友達の考えと自分の考えを比べ、最初の自分の考えがどのように変わったかを発表している。グループトークでの特徴的な考えをまとめて発表している

道徳ノート
自然に対する感動する心や畏敬の念について深く考えている

振り返り
この時間で「感動、畏敬の念」について考えたことや気付いたことを、これからの自分の生活に生かそうとしている

D-21 感動, 畏敬の念

美しいものや気高いものに感動する心をもち, 人間の力を超えたものに対する畏敬の念を深めること。

評価のためのキーワード
① 自然の美しさや偉大さなどに感動する
② 自然の営みの偉大さを感じ取る
③ 自然に対する畏敬, 畏怖の念を深める
④ 人間は有限であることを自覚する

自然や芸術など美しいものや気高いものに触れたとき, 感動したり, 畏敬の念を深めたりします。実際に自然や芸術などと出合い, 感動, 畏敬の念について深く考えさせたいですね。

道徳ノートの評価文例

👍 人間の力をはるかに超えた自然の力に感動と畏敬の念を抱いた写真家に共感し, 朝焼けの美しさに感動した経験を振り返り,「自然の美しさや神秘さに心打たれ, 自然の美しさに癒される自分に気付いた」と自然が人間を包み込む不思議な力と安堵感のようなやすらぎを感じたのですね。先生にもそうした経験があり, よく分かります。

👍 今起こっている大自然の現象を全身で受け止め, その大いなる自然の力と向き合い, 自然を畏れ, 敬ってきた人間の生き方を深く考えることができましたね。大自然の中に身を置くと, 科学的根拠に基づいた豊富な知識をはるかに超えた大自然の偉大さと神秘さなどに畏敬の念を抱き, 人間の有限さまでも考えざるを得ないのですね。

📣 自然の美しさや神秘さなどに感動し, 人間の力をはるかに超えた自然への畏敬の念について深く考えていました。人間ははるか昔から私たちが経験しているように地震や火山の噴火, 暴風や大雪などの自然災害に遭い, 多くの尊い生命が奪われてきた災害の事実も受けとめ, 自然に対する人間の有限性を考えることも大切ですね。

📣 人間に自然の美しさや偉大さ, 神秘さなどに感動と畏敬の念を抱かせてくれる自然環境もその価値を維持していくための保全が大切です。近年, 世界自然遺産などに訪れる観光客が急増するオーバーツーリズムによる観光公害も問題になっていますね。自然環境の普遍的な価値を守るための持続可能な対策や取組なども考えてみてください。

通知表・指導要録等の評価文例

「自然の力と向き合って」を主題とする学習では，自然を身近に感じ，心が大きく揺れ動いた経験を真っ先に発言し，友達からの共感を得ました。「部活から帰る道，足が止まった。西の空がオレンジ色から赤色に変わり，遠くに見える山並に夕陽が沈むところだった」と語り，自然の美しさを謙虚に受け止める気持ちが表れていました。

教材「火の島」の授業では，中心発問についてのグループトークで，友達の発言に関わってこれまで自分が自然に接した経験を振り返って発言することができていました。全体交流の場面では，グループトークの中で話し合われた自然の営みの偉大さを実感し，自然に対する感謝と尊敬の心について語ってくれました。

教材「火の島」の授業では，人間と自然との関わりについて，「人間は自然の美しさや神秘さに感動したり，畏れ，敬ったりして，大自然を意識しながら生活し，自然は人間にとって大切なものだと考えてきた」と感想に書くなど，自然と人間の共生についても考えることができていました。

人間の力を超えた自然を謙虚に受け止め，自然の営みに心を寄り添わせて生きてきた意義について考えることができました。教材「火の島」の授業では，大地の底から湧き上がる地球のエネルギーを感じ，必死になってシャッターを押す写真家に共感し，自然の偉大さと畏敬の念について深く考えることができていました。

「自然の力と向き合って」の学習では，グループトークで「科学技術が進歩しても人間は自然の偉大さを前にしてなすすべがない。自然の美しさや神秘さには感動するが，猛威を振るう自然災害などに目を向けると，人間は自然の中で生かされているのだなと思う」と友達に語り，自然に対する感動する心と畏敬の念について深く考え合うことができていました。

対象学年 **中学 2 年生**

内容項目：D－22 **よりよく生きる喜び**

主題
22 人間の強さ・気高さ

教材 **本当の私**

授業のねらい

　本授業では，人間には自らの弱さや醜さを克服する強さや気高く生きようとする心があることを理解し，人間として生きることに喜びを見いだそうとする心情を育んでいきたい。多感な時期を迎える生徒は，自分に自信がもてずに，劣等感にさいなまれたり，仲間のことを妬み，恨み，うらやましく思ったりすることもある。生徒には，自分だけが弱いのではないことに気付かせ，内なる自分に恥じない，誇りある生き方，夢や希望など喜びのある生き方を見いだせるように指導していきたい。本教材は，世界陸上選手権で，アメリカ史上初の女子100，200メートルの2冠を達成したエイミー・ブラウンが，良心の呵責に苦しみ，自らのドーピングを告白し，多くの非難を浴びながらも人間としての生きる喜びを見いだす話である。生徒には，主人公に自我関与させ，良心の責めと戦いながら，弱さや醜さを克服し，人間としての誇りをもってよりよく生きる喜びを見いだすことを考えさせていきたい。

授業づくりのポイント

準備するもの：・ドーピングの補助説明（4ツ切画用紙にマジックで書く），エイミー・ブラウンの写真（書籍等より）

　教材文を読み終えた後に，エイミー・ブラウンの写真を掲示する。また，ドーピングについての補助説明を掲示する。主人公の葛藤する心を2つの立場で役割演技をし，意見交流し，これからの自分を考える。また，4人程度のグループで意見交流し特徴的な意見をホワイトボードに整理し，その後，ホワイトボードを掲示して全体交流を行い，価値理解を深める。

本教材の評価のポイント

①**生徒の学習に関わる自己評価**
- 人間は誰もが弱さをもっていて，それを克服しようと努力していることを理解している発言や記述があったか。
- 主人公に自我関与し，弱さや醜さを克服し，人間としてよりよく生きる喜びを見いだそうとする心情が見られたか。

②**教師のための授業の振り返りの評価**
- 道徳的価値の自覚を深める発問や多様な指導方法の工夫ができたか。
- 主人公の心の葛藤を通して，ねらいに迫る授業展開ができたか。

実践例

		学習活動	発問と予想される生徒の反応	指導上の留意点
挙手・発言 事実をごまかしたり，うそをついたりした経験を振り返り，その時の気持ちを考えている	導入	○ウォーミングアップ ①自分の体験を振り返る ・自分の弱さや欠点を悩んで事実をごまかしたり，うそをついたりした経験を振り返らせる	**自分に自信がもてず，事実をごまかしたり，うそをついたりしたことはありますか？** ・好きなテレビ番組があって翌日試験があるが勉強をしなかった。持っていないものを持っているとか，行ったことがないところに行ったとか，よく見てほしいためにうそをつくなど	・生徒の自由な発言を尊重し，本時のねらいとする道徳的価値への方向づけをする
ペアによる役割演技 主人公の心の葛藤を2つの立場になって役割演技を行い，多様な考え方や感じ方を理解している	展開	②教材「本当の私」を範読し，話し合う ・世界選手権まで後1年を切ったがタイムを縮めることができず，けがさえもしてしまって焦る主人公の気持ちを考える ・「行こう」「行かないでおこう」の2つの立場でペアによる役割演技を行い，意見交流する ・自分のことのように祝福してくれる仲間にこたえることができない主人公に共感する	**エイミーは，今度は自分の力で金メダルを取ると決めたのに，どんな気持ちでA社に向かったのでしょうか？** ・もう薬には手を出さないと決めていたけれど，今の状態では金メダルは取れない。A社の薬ならドーピング検査をかいくぐれるにちがいない。絶対に金メダルを取りたい ・だれも知らないことだから大丈夫だ **レイチェル・ウィリアムズの祝福に返す言葉が見つからず，「ありがとう」さえ言えなかったのは，エイミーにどんな気持ちがあったからでしょうか？** ・けがに悩んでいた頃を知っている仲間が祝福してくれているのに，自分はドーピングをして優勝した。申し訳ない。つらい ・ドーピングをして優勝した後ろめたさから	・教材を範読する ・ドーピングとは何か。ドーピングは禁止されていることを説明する ・冷静な自分でいられない主人公に自我関与させ，人間は誘惑に負け，易きに流れてしまう弱さがあることを感じ取らせる ・補助発問として「もし，ここで勝つことができたら，自分の努力も証明できるはずと思いレースに臨んで優勝したのだから，ありがとうと返事してもよかったのではないか」と問い，主人公の後ろめたさを感じ取らせる
挙手・発言 主人公に自我関与させ，道徳的価値に関わる多様な考え方や感じ方を発表している				
グループトーク・全体交流 友達の考えと自分の考えを比べ，最初の自分の考えがどのように変わったか発表している。グループトークでの特徴的な考えをまとめて発表している		・自らのドーピングを認める発表を行った主人公について考える ・4人程度のグループになり，考えを発表し合い，友達の考えと自分の考えがどのように変わったか発表し，その後，全体交流する	**エイミーは，どんな思いで自らのドーピングを認める発表を行ったのでしょうか？** ・こんなの本当の私じゃないと言った気持ちが分かる気がする ・最初はドーピングをしているとはいえ，優勝できればと思ったけど，間違いだった ・仲間や応援してくれた人たちに顔向けができない。自分が愚かだった ・勇気をふりしぼって告白すべきだ	・テレビに流れる世界選手権での自分の姿を見て，選手としての誇りを失ってまで優勝した自分の弱さや醜さに向き合って，発表に臨んだ主人公について多様な考え方や感じ方を出させ，価値の意義について考えさせる
挙手・発言 これまでの自分を振り返り，人間としてよりよく生きることについて多様な考え方や感じ方を発表している		③よりよく生きる喜びについてより深く考える	**今後，「本当の私」のような出来事に出会ったら，どんな自分でありたいと考えますか？** ・自らの弱さは認めながら，それでも内なる自分に恥じないように生きたい	・人間は，弱さや醜さを克服したいと願いながら，自己の良心に気付き，強く気高く生きようとする心をもって生きることに喜びを見いだそうとすることに気付かせる
道徳ノート 人間として生きることに喜びを見いだすことについて深く考えている				
振り返り この時間で「よりよく生きる喜び」について考えたことや気付いたことを，これからの生活に生かそうとしている	終末	④この授業で考えたことや気付いたこと，これからの自分の生活にどう生かすかをまとめる	今日の授業で考えたことや気付いたことを「道徳ノート」にまとめましょう。これからの自分の生活にどう生かすのかについても書きましょう。	・自分の考えをまとめ，友達の多様な考え方や感じ方に触れ，最初の自分の考えの変容に気付かせる

D-22 よりよく生きる喜び

人間には自らの弱さや醜さを克服する強さや気高く生きようとする心があることを理解し,人間として生きることに喜びを見いだすこと。

評価のためのキーワード
① 誘惑に負け,易きに流されない
② 自らの弱さや醜さを克服したいと願う
③ 強さや気高く生きようとする心をもつ
④ よりよく生きる喜びを見いだす

人間には誰しも自らの弱さや醜さを克服する強さや気高く生きようとする心があり,人間としてよりよく生きることに喜びを見いだそうしていることを考えていきましょう。

道徳ノートの評価文例

👍 主人公の立場に立って,誤った判断を後悔し,本当の自分を取り戻すために告白した主人公の気持ちをきちんと想像できていますね。自分の弱さからうそをついた経験を振り返り,自分に恥じない心の強さをもち,誠実に生きようと考える姿勢はとても大切ですね。

👍 厳しい非難を覚悟してでも自分の過ちと誠実に向き合って生きいくことこそ,本当の自分を取り戻すことになると考えたのですね。10年余りがたっても罪の意識が消えることがないのは,今も自分の過ちを後悔し続け,同じ過ちを犯さないように自らを律して生きているのだと感じたのですね。

📣 アスリートだからこそスポーツマンシップに反する行為は許されないという考えは,その通りです。確かに最初から正しい判断をしていたら心を痛めることはなかったでしょう。でも,置かれた状況や課せられた責任などの重圧に耐えきれず,誘惑に負けそうになったりした時,自分はどうするかを考える必要がありますね。

📣 悔やむくらいなら最初からやらなかったらよかったという考えは,確かにそうだと思います。人一倍,努力を積み重ね,全力で取り組んでも努力が報われないこともあると肯定的に捉えているのは大切なことだと思いますが,割り切れない気持ちになったとき,どうすればよいのかを考えることも必要なことですね。

通知表・指導要録等の評価文例

教材「本当の私」の授業では，人間は弱さや醜さと，強さや気高さの2つの自分を併せもっていることを理解し，弱さや醜さに耐えきれない自分の存在を意識し，それに打ち勝とうと自分を奮い立たせ，よりよく生きようとする喜びを見いだすことの大切さを自分の体験とつないで発言することができていました。

「よりよく生きる喜び」を主題とした学習では，教材の中の主人公の生き方から，自己の弱さや醜さを克服し，誠実に生きることの大切さを自問自答する姿が見られました。学年末には，「自分には欠点や弱点があることを自覚し，自分自身に誠実に生きることが大切だ」と自分を振り返り記述するまでになりました。

「よりよく生きる喜び」を主題とした学習では，自分の体験を基に，自分を深く見つめ，友達の異なる多様な意見からも深く学ぼうとする意識をもち，特に，人間としてよりよく生きる喜びを見いだすことの大切さの理解を深め，内なる自分に恥じないように誠実に生きようとする意欲の高まりが発言や記述に見られました。

教材「本当の私」の授業では，主人公の迷いや悩みを自分事として捉え，そうした場面や状況の中ではどのように判断することがよいのかを根拠を基にして考え，積極的にグループトークをしていました。その後の全体交流でも異なる考えを理解し，自分の生き方に生かそうとする発言が見られました。

「よりよく生きる喜び」を主題とした学習では，積極的に自分の考えを発言するだけでなく，友達の多様な意見を聞きながら，自分の考えを深めることができていました。「うそをついたり，ごまかしたりすることでそのときはよかったとしても，あとから後悔することになる」と感想に書き，自分の生き方につなげようとしていました。

編著者紹介

渡邉　満（わたなべ　みちる）

広島文化学園大学教授

1950年広島県生まれ。広島大学大学院教育学研究科博士課程修了。博士（教育学）。兵庫教育大学、岡山大学を経て2016年4月より現職。日本道徳教育方法学会・会長。東京書籍の道徳科教科書（小学校、中学校）の編集代表を務める。共著書は『中学校における「特別の教科　道徳」の実践』（2016年　北大路書房）、『新教科「道徳」の理論と実践』（2017年　玉川大学出版部）等。

執筆者紹介

（五十音順　所属は執筆時）

一関あゆこ	秋田県八郎潟町立八郎潟中学校教諭	（第2章：内容項目14・15・16）
小林将太	大阪教育大学教育学部准教授	（第2章：内容項目3・4・5）
庄司貞夫	茨城県鉾田市立諏訪小学校教諭	（第2章：内容項目7・8）
鈴木　篤	大分大学教育学部准教授	（第2章：内容項目10・12・13）
比志　保	元山梨県中央市教育長	（第2章：内容項目2・9・18）
藤永啓吾	山口大学教育学部附属光中学校教諭	（第2章：内容項目1・17・20）
松原　弘	大阪府和泉市立郷荘中学校首席	（第2章：内容項目6・11）
山田芳昭	東京教育研究所主任研究員	（第2章：内容項目19・21・22）
渡邉　満	（第1章）	

中学校「特別の教科　道徳」の授業プランと評価の文例
道徳ノートと通知表所見はこう書く

2019年3月28日　初版発行

編著者	渡邉　満
発行者	松永　努
発行所	株式会社時事通信出版局
発　売	株式会社時事通信社
	〒104-8178　東京都中央区銀座5-15-8
	電話 03（5565）2155　http://book.jiji.com

ブックデザイン／永山浩司＋花本浩一
カバー装画：高橋三千男
印刷・製本／中央精版印刷株式会社

ⓒ 2019　WATANABE, michiru
ISBN978-4-7887-1606-3 Printed in Japan
落丁・乱丁はお取り替えいたします。定価はカバーに表示してあります。
★本書のご感想をお寄せください。宛先は mbook@book.jiji.com